广播电视产业改革与发展研究

周兴涛 刘丽 刘磊 著

北京出版集团
北京教育出版社

图书在版编目（CIP）数据

广播电视产业改革与发展研究 / 周兴涛，刘丽，刘磊著 . -- 北京：北京教育出版社，2023.4
ISBN 978-7-5704-5423-5

Ⅰ.①广… Ⅱ.①周… ②刘… ③刘… Ⅲ.①广播电视—文化产业—产业发展—研究—中国 Ⅳ.① G229.2

中国国家版本馆 CIP 数据核字 (2023) 第 075516 号

广播电视产业改革与发展研究

周兴涛　刘丽　刘磊　著

*

北京出版集团
北京教育出版社　出版
（北京北三环中路 6 号）
邮政编码：100120
网址：www.bph.com.cn
京版北教文化传媒股份有限公司总发行
全国各地书店经销
河北宝昌佳彩印刷有限公司

*

710 mm×1 000 mm　16 开本　12 印张　214 千字
2023 年 4 月第 1 版　2023 年 4 月第 1 次印刷
ISBN 978-7-5704-5423-5
定价：88.00 元
版权所有　翻印必究
质量监督电话：（010）58572525　58572393
购书电话：18133833353

前　言

　　广播电视的诞生是社会发展、科技进步的结果。它使人类信息传播的广度和深度得到了空前的扩展。如今，广播电视已经走入千家万户，成为人们日常生活中不可或缺的一部分，也是保证各种教育教学活动顺利开展的重要工具。

　　对广播电视产业的改革、发展历程及在此过程中所取得的成就、经验等方面的内容进行分析、研究，不仅能进一步把握广播电视产业的特点与发展规律，而且有利于推动广播电视产业的不断发展。

　　本书共分为六章。第一章从整体层面介绍了广播电视的基本内容。第二章为广播电视产业概述，分别从定位、功能、结构、需求、生产与市场等方面对广播电视产业进行了论述。第三章为广播电视体制改革，介绍了广播电视产业的多方面改革举措，包括广播电视集团化改革与行政管理改革、广播电视制播机构改革、广播电视内部体制改革与经营性单位转企改制、广播电视体制改革的成效、经验与启示、广播电视产业改革。第四章为广播电视新媒体发展，介绍并分析了新媒体的发展概况以及传统媒体与新媒体的融合发展。第五章从技术发展角度出发，在介绍广播电视技术的特点与作用的基础上，进一步阐明了广播电视节目传播的主要技术环节以及广播电视技术创新及其发展趋势。第六章为广播电视产业的多元化发展，论述了广播电视产业发展政策的突破、广播电视产业的专业化发展、广播电视产业的集团化发展、广播电视产业的全球化与本土化发展以及广播电视产业的数字化发展。

　　本书视野广阔，语言简洁，旨在总结中国广播电视产业的发展经验，诠释广播电视产业的改革和发展政策，分析广播电视产业的经营模式，探索广播电视产业的未来走向，为关心广播电视产业、研究广播电视产业的人们提供诸多有益参考。由于作者水平有限，书中难免出现疏漏与不足之处，敬请广大读者批评指正。

2023 年 1 月

目 录

第一章 广播电视的基本内容 ········· 001
- 第一节 广播电视的产生与发展 ········· 001
- 第二节 广播电视的基本任务 ········· 010
- 第三节 广播电视的基本功能 ········· 018
- 第四节 广播电视的社会属性 ········· 026
- 第五节 广播电视媒介内容形态 ········· 029

第二章 广播电视产业概述 ········· 045
- 第一节 广播电视产业的定位、功能与结构 ········· 045
- 第二节 广播电视产业的需求、生产与市场 ········· 050
- 第三节 广播电视产业管理体制与产业经营 ········· 055

第三章 广播电视体制改革 ········· 064
- 第一节 广播电视集团化改革与行政管理改革 ········· 064
- 第二节 广播电视制播机构改革 ········· 068
- 第三节 广播电视内部体制改革与经营性单位转企改制 ········· 076
- 第四节 广播电视体制改革的成效、经验与启示 ········· 084
- 第五节 广播电视产业改革 ········· 087

第四章 广播电视新媒体发展 ········· 092
- 第一节 新媒体的发展概况 ········· 092
- 第二节 传统媒体与新媒体的融合发展 ········· 106

第五章 广播电视技术的发展 ········· 139
- 第一节 广播电视技术的特点与作用 ········· 139

第二节　广播电视节目传播的主要技术环节 ················· 146
　　第三节　广播电视技术创新及其发展趋势 ··················· 150

第六章　广播电视产业的多元化发展 ························· 158
　　第一节　广播电视产业发展政策的突破 ····················· 158
　　第二节　广播电视产业的专业化发展 ······················· 162
　　第三节　广播电视产业的集团化发展 ······················· 165
　　第四节　广播电视产业的全球化与本土化发展 ··············· 176
　　第五节　广播电视产业的数字化发展 ······················· 178

参考文献 ·· 182

第一章 广播电视的基本内容

作为人类伟大的智慧结晶，广播电视在掀起媒介传播史上革命的同时，还构建了当代人类文明中宏伟而壮丽的文化景观，对人类社会的政治、经济、文化等诸多方面产生了巨大影响，并逐渐成为当代社会的重要组成部分。

第一节 广播电视的产生与发展

一、广播的产生与发展

（一）广播的发明

广播是在有线电声技术与无线电通信技术两大技术发明的基础上产生的。从某种意义上来说，广播的发明以无线电技术方面的三大突破为重要前提：无线电波的发现、无线电通信的实现以及无线电负载声波的成功。

1. 无线电波的发现

英国科学家詹姆斯·克拉克·麦克斯韦于1884年在电磁波理论研究中提出了存在无线电波这一猜想，并预言了自然界中存在电磁波，它能以每秒30万千米的传播速度实现远距离通信。此后，德国科学家海因里希·鲁道夫·赫兹于1888年通过实验证实了詹姆斯·克拉克·麦克斯韦的猜想，提出了测量电磁波波长的科学方法。

2. 无线电通信的实现

1895年，意大利科学家伽利尔摩·马可尼与俄国物理学家亚历山大·斯捷潘诺维奇·波波夫同时制成了最早的无线电收发报机。1901年,马可尼将字母"S"传过大西洋,证明了无线电长距离传递信息的可能性,并通过英国政府的帮助将这一新发明推广到了世界各地。无线电传播的时代也随之到来。

3. 无线电负载声波的成功

美国匹兹堡大学教授雷金纳德·奥布利·费森登于1906年的圣诞夜成功播出了世界上第一次语言广播,广播的主要内容有小提琴演奏曲、圣诞故事等。虽然广播时间不长,听众也比较少,但是从技术层面来看,这次广播代表着声音广播的诞生。在广播发射与接收技术的不断改进下,美国各地相继涌现出许多实验性广播电台,广播内容包括气象报告、市场行情、音乐等。但广播的实际运用与发展是在20世纪初才开始的。

（二）*广播事业的兴起与发展*

1. 广播事业的兴起

1920年11月2日,美国匹兹堡KDKA广播电视台抓住了美国总统大选的时机,对公众所关注的焦点——总统的竞选结果进行了及时播报,引起了不小的轰动。虽然KDKA广播电视台并非美国最早开始播音的电视台,但它却是第一个取得商业部营业执照的商业广播电视台,这也是它成为美国历史上首个正式广播电视台的重要原因。

纵观KDKA广播电视台的创办历程,1920年匹兹堡西屋电器公司的工程师弗朗克·康拉德利用旧的业余电台呼号试验播放自制讲话节目,随后又用唱片代替讲话。节目播出之后,他收到了听众的来信,请他播放某个节目或唱片,为了满足听众的需求,他开始播放定期节目。但由于观众点播的歌曲多来自新出的唱片,他需要向唱片商借,并承诺在广播中介绍唱片商店的名字。令人意想不到的是,在广播节目中播放的唱片销量大增,百货商店在注意到这一现象后就开始通过报纸对康拉德的广播进行广告宣传,并开始出售收听广播的收音机。西屋电器公司为了维持收音机的销售量,决定永久性保留广播电台,并于1920年10月申请了商业执照,西屋公司收音机的销量大幅增长。由此,美国也掀起了一阵"办广播"的热潮。截止到1922年底,美国的广播电视台就已经达到了570家。

同时,世界上其他国家也相继创办了广播电视台。1922年英国、法国的广播电视台开始正式广播;1923年至1924年,中国、德国、日本、新西兰等国家纷纷创立了广播电视台并开始播音。

2. 广播事业的发展

20世纪60年代以来,广播技术迅速发展,调频广播、调幅广播、立体声广播并存。广播种类日渐丰富,在综合性电台的基础上,又出现了交通台、经济台、音乐台以及新闻台等多种专业台,广播节目的内容变得更加丰富,影响到了社会的各个方面。20世纪70年代,电视传播的普及给广播传播带来了巨大挑战。对此,广播行业立足于自身优势,围绕多样性、参与性、服务性、广泛性以及时效性等方面展开积极探索,如创办专业台等。20世纪90年代后,广播进入数字化阶段,许多国家都拥有了数字多媒体广播。该系统不仅能提供立体声声音信号,而且能提供视频图像、文字信息以及与互联网连接的多种数据服务。

二、电视的产生与发展

(一)电视的发明

"电视"(television)一词最初源于希腊语,即"远处"(tele)与"景象"(vision)。1900年法国人波斯基在巴黎国际电子大会上首次使用了"television"。后来,该词代替了"telectroscope"与"telephot",成为电视的代名词。

虽然电视的发明时间并不晚于广播,但广播出现多年后电视才问世的主要原因在于,与广播相比,电视的技术要更复杂一些。电视发明的重要原因与动力,除了人们希望能够远距离看到影像之外,还包括硒元素与光电效应的发现以及扫描技术的发明。

1. 硒元素与光电效应

1817年,瑞典科学家布尔兹列斯发现了硒元素。1865年,英国科学家约瑟夫·梅发现硒元素具有光电作用特性,即当光线照射硒元素时会产生电,照射的光线越强,产生的电力也就越强,此现象被称为"光电效应"。硒元素所产生的光电作用可以将电力转化为信号传送出去,从而在理论层面反映了任何表现物体的影像都能以电子信号的形式进行传播。与光电效应相反,荧光效应的原理为:当电流冲击荧光物质时,荧光物质会发光,电流越强其发出的光也就越强。1839年,法国科学家亚历山大·贝克勒尔发现,某种化学物质在充电后便能发光,而荧光屏的闪烁正是电流冲击屏幕荧光物质的结果。

2.扫描技术与图像分解

图片传送的关键在于扫描技术与同步技术。约瑟夫·梅刚开始想用一根电线来完成图像传送，但失败了。而后，美国的凯瑞意识到，想要成功传送图像，就要先对图像进行分解，再一点点传送，图像分解的原理便由此产生。此后，机械扫描的方法也被发明了出来。1884年，德国发明家保罗·尼普科夫利用一个布满螺旋状系列小孔的圆盘完成了图像传送。圆盘在转动过程中，光线会透过小孔照射到物体上的一点，并持续扫描；接着从物体上反射的光点通过光电物质形成电流，再以相同的顺序扫描成像，并被与接收端同步转动的圆盘获取，扫描程序便完成了。这种转盘后来被用到了机械电视中，成为电视的雏形。

在研发电视的国家中，贡献较大的是英国、美国以及德国。

（1）英国的电视研发离不开"电视之父"——约翰·洛吉·贝尔德。1924年，他成功发射并接收了一个"十"字图形；1925年，利用尼普科夫圆盘制造出了机械电视，成功在电视画面上呈现出一个人的头像；1927年，借助电话线完成了伦敦到格拉斯哥640千米的电视画面传送；1928年，通过漂浮在大西洋上的汽艇，以短波形式将电视图像传送到了纽约。1936年，贝尔德发明的机械电视被英国电视台使用。

除了约翰·洛吉·贝尔德之外，另一个为英国电视发明做出较大贡献的就是俄裔英国科学家大卫·休恩伯格。他领导研制了电视摄像管，使电视图像变得更加清晰；他还对电视扫描技术进行了改革，探索出了405行交叉电视扫描技术。

（2）在美国，1923年西屋电器公司的工程师滋沃里金发明了光电发射管后，1928年无线广播公司的工程师菲洛·法恩斯沃恩发明了电子图像分解摄像机；1929年，滋沃里金又发明了电子图像显示管；1931年，艾伦·杜蒙发明了阴极显像管，在极大程度上促进了电子电视的发展。

（3）在德国，1924年莱比锡大学的卡罗卢斯利用尼普科夫圆盘发明了能扫描48行的机械电视。

此外，世界上的其他国家也涌现出了一批电视探索者。

（二）电视事业的兴起与发展

1.电视事业的兴起

1929年英国广播公司（BBC）利用机械电视开始了无声图像的电视试播，

1930年播出了扫描标准为30行的声像俱全的电视剧《花言巧语的人》，1931年试播自制节目；1935年创办了世界首家电视服务机构，1936年在伦敦开始了电视的正式播出。

1935年德国成立了电视服务机构；1936年通过电视报道了柏林奥运会，并借助电缆将电视节目传送至莱比锡等城市。

美国通用电气公司在斯克内克塔迪市建立了电视台，并于1928年4月申请了电视台执照，同年9月先后试播了情景剧与科学幻想片。

1932年法国在巴黎建立了第一个国营电视台，开始不定期试播。

由上述内容可知，电视事业在20世纪20年代进入萌芽时期，30年代进入成型期，其间各国进行电视试播与正式播出的先后顺序有所不同。试播顺序为美国、英国、法国，正式播出顺序为英国、法国、美国。这个时期的电视将很多历史事件有声有色地播放了出来，如柏林奥运会、纽约世界博览会等。

2. 电视事业的发展

1945年第二次世界大战结束之后，各国的电视事业逐渐复兴。

法国于1945年成立广播电视公司，恢复电视试播。

英国于1946年恢复电视播放，1949年第二座电视台开始广播，1952年建立了5座电视台。

德国各州于1948年陆续成立电视台，1952年开始广播。

美国电视台由原本的6家迅速膨胀到108家，于1945年创办彩色电视节目；1960年电视台数量达到573座，电视接收机数量达到5000多架，电视事业进入繁荣发展时期。

20世纪60年代，美国将本国电视节目通过卫星传送至巴黎、伦敦，十几个国家参与联播，观众数量高达两亿，电视传播进入"太空时代"。

20世纪70年代，美国等西方国家为众多家庭提供了电缆电视系统，该系统凭借不易受干扰、传输容量大等优势在世界范围内得到迅速应用和普及。

20世纪80年代，日本广播公司推出了每秒可扫描60幅画面的高清电视，虽然其清晰度较高，但却无法使用现行的电视机。

20世纪90年代，美国科技专家探索出了利用计算机数字编码来完成高清画面传送的方法，由此电视事业进入数字化阶段。

三、中国广播电视事业的产生与发展

(一) 中国广播事业的产生与发展

1. 中华人民共和国成立前的中国广播事业

中国第一座官方电视台是"哈尔滨广播电台"。该电台由我国无线电工程专家刘瀚主持创办,于 1926 年 10 月 1 日正式开播;每天广播 2 小时,广播的主要内容为新闻、音乐以及钱粮行市等。

中国第一座由国人创办的私营性质的广播电台是上海的"新新公司广播电台"。该电台于 1927 年 3 月 18 日正式开播,每天广播 6 小时,广播的主要内容为音乐、时事新闻、商业广播。这座电视台从设计、装配、施工安装再到经营,完全是由中国人自主完成的。

1927 年,天津、北京等地也相继创办了广播电台。其中,天津广播无线电台由天津无线电报局创办,同年 5 月开播;北京广播无线电台由北京电话局创办,同年 9 月开播。

1928 年,国民党创办了"中国国民党中央执行委员会广播无线电台",并于 8 月 1 日开始广播,广播内容为音乐、气象预报、通令通告、国内要闻、军事消息等。1932 年,该电台将功率扩充至 75000 瓦,从而成为亚洲发射功率最大的广播电台。1928 年至 1937 年,国民党为了组建全国广播网,先后成立了福州广播电台、河北广播电台、西安广播电台、南京广播电台、长沙广播电台等,截至 1937 年 6 月,国民党所成立的公营电台已经达到了 23 个。除此之外,这一时期还诞生了许多私营广播电台以及佛音广播电台与福音广播电台一类的宗教性电台。

1940 年,中国共产党领导创办了第一座人民广播电台——延安新华广播电台。这不仅是我国无产阶级广播事业与人民广播的重要开端,而且代表着中国共产党的新闻事业步入了一个新的发展阶段。

2. 中华人民共和国成立后到改革开放前的中国广播事业

(1) 对内广播事业。我国对内的无线广播系统主要由中央人民广播电台与各级地方广播电台共同构成。1949 年,北京新华广播电台更名为中央人民广播电台(China National Radio,简称 CNR),成为中华人民共和国的国家电台。

1949 年至 1956 年,中国广播事业迎来了大发展时期。此时期不仅对过去遗留下来的私营电台进行了改造，对破旧设备进行了修复，而且建设了中央人民广播电台，努力提升收听效果，培养了许多优秀的广播干部。

1950年，中央人民广播电台陆续创办了藏语、蒙古语、朝鲜语、维吾尔语等民族语言广播。

（2）对外广播事业。1941年，延安新华广播电台在抗日战争时期开办了日语广播，这也是中国人民对外广播电台的开端。

1947年，陕北新华广播电台开始使用英语广播。

中华人民共和国成立后，非常注重对外广播事业的发展，于1950年4月成立了国际广播编辑部，同年7月北京电台用英语、日语、越南语、朝鲜语、泰语、缅甸语、印度尼西亚语七种外语以及厦门话、客家话、潮州话、广州话四种方言对国外进行广播。

1955年，北京电台增加了对外广播的汉语普通话节目。1965年底，对外广播语言已经达到了27种，覆盖了亚洲、欧洲、北美洲、拉丁美洲、大洋洲、非洲的大部分地区。此时，中国的对外广播在播音时数、语种、规模上位居世界第三。

1978年，中国对外广播机构更名为中华人民共和国国际广播电台（China Radio International，简称CRI）。

3.改革开放后的中国广播事业

1978年的改革开放政策为我国广播事业提供了良好的发展条件。尤其是1983年召开的全国第十一次广播电视工作会议，使我国广播事业得到了进一步的发展，广播形式更加多样、内容更加丰富，更好地满足了人民群众的精神需求。此处将以广播节目的情况为重点展开介绍。

（1）将新闻改革作为突破口，推动广播电视宣传的全面改革。自全国第十一次广播电视工作会议后，我国的广播事业掀起了一阵"突出新闻主体地位"的改革浪潮。改革的具体措施包括：各台增加本台消息，强化批评性报道，增加现场报道，加强各台之间的合作，在重视本地新闻的基础上重视全国新闻、世界新闻的制作与播出。为了让观众更方便地收听节目，各台纷纷推出整点新闻，将新闻节目的制作与优化作为工作重点。

（2）重视典型报道、深度报道，组织好重大事件报道。这类报道是新闻广播水平的有力体现，所以各台均以此为工作重点，精心组织，主要措施包括：增加现场直播节目，扩展直播节目题材；通过深度报道与批评的形式来回应社会，更好地满足广大听众的需求；利用典型报道倡导时代精神，唱响主旋律。

（3）加大新闻性专题节目与社教类节目的改革力度。在新闻性专题节目的积极影响下，各地的社教类节目也纷纷加入改革的阵营。它们不仅结合自身情况对节目布局进行了较大规模的调整，而且在宣传内容方面坚持落实"贴近群众、贴近实际、贴近生活"的原则；在节目形式方面注重栏目化、板块化以及主持人化。在取得的成就中，最显著的便是综合性节目的大幅度发展。为了贯彻依法治国、科教兴国政策，中央与地方电台纷纷开设了法制节目，并对科技类节目进行强化。此外，各台还推出了一批服务类与生活类节目，以满足听众的多样化需求。

（4）建立经济台，实施专业台系列化布局。改革开放的深入发展对广播提出了更高的要求，即广播要为经济建设、市场经济的发展提供更加直接、具体的服务。这也意味着广播产业的改革需要在整体层面进行更大的突破。自20世纪80年代中期开始的各地经济台的建立与专业台系列化布局便是为广播产业整体改革而进行的探索。

20世纪80年代中期至90年代末期，随着各地经济台的不断完善、发展，以及专业台系列化布局的实施，广播产业改革也取得了较大进展。例如，北京电台、天津电台开办了生活台、文艺台、经济台、新闻台、交通台，辽宁电台开办了金融台、信息台、经济台、综合台等，上海电台开办了少儿节目台、外语教学台、英语台、市场经济台等。

我国广播节目通过不断改良、优化文艺节目，使得人民群众的生活变得更加丰富多彩。各电台也积极与社会合作，与其他电台合作，通过热线类节目、直播类节目为文艺类广播节目的发展贡献了重要力量。

（5）重视对外广播。改革开放后，我国立足于本国听众的收听习惯与心理，严格遵守国际广播的特殊规律，通过新闻改革带动对外广播的发展，在广播事业上取得了巨大进步。截至1984年底，我国国际广播电台已经能用38种外语、4种方言以及汉语普通话对世界进行广播。1984年后，国际台又为在华的外国听众提供了德语、法语、英语、日语、西班牙语的广播。中国广播电台在世界的影响力也变得越来越大。

（二）中国电视事业的产生与发展

中国电视事业于1958年起步，距今已有六十多年的历史。中国电视事业的发展大体上可分为三个阶段，分别是艰辛创业阶段、曲折发展阶段以及蓬勃发展阶段，如图1-1所示。

第一章　广播电视的基本内容

```
                    ┌──────────────┐
                    │  艰辛创业阶段  │
                    └──────────────┘
   ┌──────────────┐
   │  曲折发展阶段  │
   └──────────────┘
                    ┌──────────────┐
                    │  蓬勃发展阶段  │
                    └──────────────┘
```

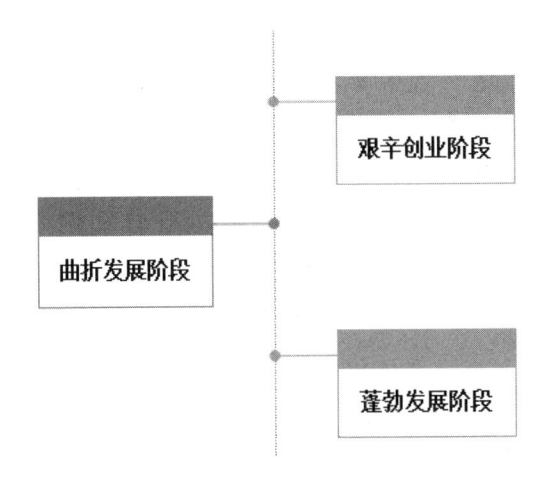

图 1-1　中国电视事业的发展阶段

1. 艰辛创业阶段

1958 年 5 月 1 日，我国第一家电视台——北京电视台（中央电视台前身）开始试播。播放的节目主要有科教片、诗朗诵、纪录片等。同年 9 月 2 日，北京电视台转为正式播出，播出时间定为周二、周四、周六、周日。此后，上海电视台、哈尔滨电视台（黑龙江电视台前身）也开始了试播。除此之外，天津、沈阳、长春等地也纷纷开办实验性电视台或转播台。

1960 年底，我国拥有电视台、试播台、转播台共 29 座，后来因为广播事业的调整，电视台数量开始缩减。直到 1965 年经济情况好转之后，部分电视台才慢慢恢复。

20 世纪 60 年代中期，我国电视机拥有量仅为 5 万台，且只有北京电视台与上海电视台会定期播放电视节目。虽然我国电视事业在这个阶段的规模与影响较小，但通过众多电视创业者的不懈努力，电视节目的内容变得越来越丰富。

2. 曲折发展阶段

1967 年 1 月 2 日，北京电视台发出了停止播放一般性节目的通知，直到 2 月 4 日才恢复播出。

1968 年，北京电视台改为每周播放 3 次，1970 年底增至每周 6 次，1971 年又增至每周 7 次。除此之外，地方电视台也相继复播，各地又开办了一系列新的电视台。

1978 年 1 月 1 日，北京电视台开办了《全国电视台新闻联播》（简称《新闻联播》），此举标志着我国已经初步形成以北京为中心的全国电视广播网。

1978年5月1日，北京电视台正式更名为中央电视台（China Central Television，简称CCTV），对外称"中华人民共和国中央电视台"。地方电视台也从以城市命名改为以省、市、自治区命名。到1979年，全国各省、市、自治区都有了自己的电视台。

该阶段我国电视事业的发展主要表现在技术方面，其中主要包括录像设备的使用、微波网的扩展、黑白电视到彩色电视的过渡以及卫星电视的出现等。

3. 蓬勃发展阶段

自1978年起，我国的电视事业逐渐步入快速繁荣发展阶段。虽然1978年我国的电视机拥有量仅为300万台，但到了1988年全国电视机拥有量就增至1.43亿台，1997年又增至3.17亿台。如今，我国已经成为世界电视大国。中国电视事业所取得的成就不仅体现在发展规模上，而且体现在其在新闻传播、信息服务、文化娱乐以及社会教育等方面发挥的重要作用。

（1）新闻节目在电视节目中的主体地位得到了确立，电视新闻逐渐成为人们获取信息的重要途径。

（2）电视经济节目在极大程度上推动了改革开放与市场经济的发展。

（3）社教类节目的不断创新对社会主义精神文明与物质文明建设起到了重要的促进作用。

（4）体育报道的规模与影响不断扩大，能及时播出国际国内的重大体育赛事，使国人观看到体育健儿为国争光的风采。

（5）电视文艺与电视剧繁荣发展。1981年广东电视台推行文艺节目栏目化，设立节目主持人，为中国电视事业的发展掀开了崭新的一页。1983年，中央电视台开始举办春节联欢晚会，电视文艺呈现出蓬勃发展的局面。

第二节　广播电视的基本任务

一、为经济建设服务

中国广播电视为经济建设服务这一基本任务是由我国的社会主义性质与新时期的建设任务决定的。经济建设不仅是社会主义建设事业的核心内容，而且是广播电视事业的重要内容。广播电视应该在积极推动社会主义经济建设的基础上，为经济体制改革创造良好的舆论环境。

（一）广播电视必须为经济建设服务

任何一个大众传播媒介都无法脱离其所处的政治体系、超越其所处的社会阶段，电子传播媒介也是如此。广播电视在某种社会形态下进行的传播是由该社会形态的历史条件决定的，所以广播电视需要为社会的发展服务。

1. 社会主义本质的必然要求

社会主义的本质在于解放生产力，发展生产力，消灭剥削，清除两极分化，最终达到共同富裕。对此，我国的各项事业，包括广播电视在内，都应该将推动社会生产力的发展视为最高目标，积极开展经济报道，不断推动我国的经济发展。

2. 人民群众经济生活的需求

广播电视诞生的主要原因在于满足人们快速传播信息的需求。我国的广播电视带有社会主义性质，它以全心全意为人民服务为宗旨。随着社会主义市场经济观念的深入人心、经济体制改革的纵深发展，我国人民迫切需要掌握各种技术、经济信息，获取产、供、销的相关渠道，从而对经济信息产生了更大的需求，而广播电视具有传播迅速、影响广泛等优势，应当肩负起为人民群众经济生活服务的重要使命，通过各种节目为人民群众提供切实的服务与指导。

（二）广播电视为经济建设服务的主要内容

1. 向人们传达、阐释经济政策

经济政策指的是党和政府关于经济工作的方针与指导方法的总和。作为指导经济工作的总原则与经济报道的灵魂，经济政策关系到经济工作的发展方向。广播电视的主要任务在于将党与政府制定的重大方针政策迅速、有效地传递给人民群众。除此之外，广播电视还需要对党和政府的各种经济政策与最新的经济部署进行阐释和说明，帮助广大群众准确地理解和接受。

在传达、阐释经济政策的过程中，首先要做到的就是及时、全面，其次还要向广大群众讲清该政策与其切身利益之间的关系。只有这样才能真正发挥广播电视传达、阐释经济政策的重要功能。

2. 传递经济信息

经济信息指的是在经济活动、经济生活领域能消除或在一定程度上减少人们认知方面不确定状态的知识与信息。它主要包括科技发展与规划状况、自然资源状况以及不同地区人们的消费心理与习惯，经济管理状况、经济法规、经济政策、经济理论研究动向，市场行情、物资供求与生产状况，等等。同时，经济信息也是国家各层面进行经济决策的重要依据。

广播电视在传播经济信息、推动经济信息交流方面具有独特的作用。以1992年开播的《经济信息联播》为例，它以传播各类经济技术为主，广泛汇集了大量国内外信息精华，在追求信息量的基础上，也非常注重信息的实用性，它的出现有力地推动了我国信息产业的潜能转化为生产力的进程。在其影响下，我国的其他省、市、自治区电台、电视台也纷纷开办与之类似的经济节目。

3. 客观分析经济现象，指导经济生活

在为经济建设服务的过程中，广播电视不能只停留在传达经济政策、报道经济动态上，还需要重点挖掘经济生活中的普遍现象与重大问题，进行有针对性的分析与评述，同时要对国际金融、财政以及国内经济发展形势做出适当的解释与辨析。不仅有助于经济生产与流通，而且能对人民群众的日常消费起到积极的引导作用。

国家重大经济现象、经济事件是广播电视经济报道的重要内容，把握好这些问题也就意味着把握住了我国经济建设的命脉，也唯有如此才能让经济报道具有前瞻性与时代感。

广播电视应该对人们的经济生活进行多方面的指导，以帮助人们正确认知各种经济现象，树立良好的经济观念。例如，中央电视台推出《质量万里行》系列报道，充分发挥了广播电视传媒的社会传播作用，进一步提升了经营者的守法自觉性。

4. 传播经济知识

传播经济知识是广播电视的重要任务之一。广播电视所传播的经济知识主要有两大类：一类是经济管理知识、经济政策与法规知识、商品知识、工农业生产知识等从事经济活动的业务知识，另一类是与经济活动有关的法律、历史、科技、地理等方面的知识与背景介绍等。

5. 反映经济成就，监督经济行为

广播电视反映经济成就、监督经济行为的任务主要体现在报道各类经济行为，对经济工作的过程、结果进行反映监督，主要内容包括：有针对性地介绍、报道在贯彻落实国家政策的过程中出现的模范典型与积累的优秀经验；指明经济工作中的失误，揭露经济建设与经济工作中出现的各种问题。

此外，广播电视的其他节目也能为经济建设提供间接性服务，如社会文化发展动向、军事动态、政治局势等方面的报道在经过合理的利用与开发后也能对经济活动产生积极影响。

二、为文化建设服务

中国共产党代表中国先进文化的前进方向，而作为党和政府喉舌的广播电视事业也应该以为文化建设服务为重要任务。

（一）文化发展需求决定了广播电视应为文化建设服务

1. 广播电视文化品质的需求

广播电视节目内容是现代文化的重要组成部分。无线电广播被称为"没有距离的报纸"；电视以一种视听结合、声像并茂的方式进行传播，打破了时间与空间的束缚。广播电视与其广泛的受众群体共同构成了庞大的广播电视传播网络。广播电视传播网络不断搜集大量视听信息，对这些信息进行加工处理并播放，使之成为一种新的广播电视文化产品。这些产品在其对应的广播电视受众的文化生活中发挥着至关重要的作用。

中国广播电视事业的发展并不是一帆风顺的，其间也出现了停滞不前、面临巨大冲击的情况。对此，广播电视应该以满足受众日益增长的文化需求与提升自身文化品位的需求为目标，努力制作高品质、高水准的产品，为社会主义文化建设贡献力量。

2. 提升大众文化素质的需求

现阶段，我国大众的文化素质水平还有待提升。广播电视为受众服务的原则，使得我国广播电视具有通俗性、大众化的特点。

随着科学技术的不断发展，广播电视逐渐成了先进的、具有较大影响力的大众传播媒介。广播电视可以快速、生动地传播信息，其传播形式与内容也具有较强的综合性。广播电视文化凭借着较强的渗透性逐渐成了一种前所未有的开放性文化，并在很大程度上影响着大众的文化生活。

从某种意义上来说，文化建设能够反映出一个国家的文明程度。建设中国特色的社会主义新文化关系到整个中华民族的振兴，因此中国广播电视在提升自身文化层次的基础上，还要肩负起为社会主义文化建设服务、提高整个民族文化水平的重任。

3. 对外文化传播的需求

广播电视产业的出现打破了时间与空间的限制，拉近了不同国家、不同民族、不同地区的人们之间的距离。

卫星广播、卫星电视的迅速发展，使得我国和其他国家的交往日益频繁、密切。这些变化在为我国广播事业带来良好机遇的同时，也对我国广播事业提出了一定的挑战，其中包括对中国传统文化、中国广播电视受众、中国青少年产生的影响。我国在文化建设方面面临着许多艰巨的任务，如打破本土文化的束缚，培养全球文化视野，更好地完成现代化转型。这就需要中国广播电视承担起为文化建设服务的重要使命，积极弘扬我国传统文化，通过优秀的广播电视作品提升中国在国际上的影响力，引导国人树立健康的文化观念。

（二）广播电视为文化建设服务的重要内涵

在为文化建设服务方面，广播电视有着丰富的内涵，涵盖了文艺、科学技术、教育等诸多领域。

1. 广播电视为文艺服务

满足人民群众在日常生活中的各种娱乐需求是广播电视为文化建设服务的重要内容。

广播电视可以从两个方面来为文艺提供服务：一是以广播电视的形式普及优秀文学作品，将广播电视与各种文学形态、样式相结合，以此形成独特的广播电视形态，如广播小说连播、电视报告文学、电视小说等，这类文学形态往往都是在遵循文学创作的一般规律的基础上，通过特定的屏幕造型手段来塑造人物形象、反映社会生活的。这样不仅能给受众带来良好的审美体验，而且能使其文学素养得到一定程度的提升。二是通过各种类型的节目对受众进行艺术熏陶。例如，中央电视台举办的春节联欢晚会就凭借着形式多样、雅俗共赏的文艺节目，对广大观众产生了深刻影响。

2. 广播电视为科学技术服务

随着科学技术的进步与发展，新技术不断涌现，这使得人民群众与科技界进行信息交流的需求愈发强烈。对此，作为不可或缺的大众传播工具，广播电视应该更加重视科学知识的普及与推广工作，自觉承担宣传科技知识的重任。此外，广播电视还应高举科学的旗帜，向人民群众传播科学文化知识，帮助其提升科学文化素质。

3. 广播电视为教育服务

从某种角度看，电视也是一种先进的教育工具，它可以通过播放各类节目将家庭塑造成一个良好的教育环境。广播电视为教育服务的主要内容包括播放社教类节目以及进行广播电视教学。

（1）社教类节目。社会教育任务是自广播电视诞生起就存在的，如今社教类节目已经成为广播电视的重要节目种群之一。广播电视的社教类节目不仅内容丰富，而且涵盖了教育、文化、经济、军事、卫生保健、政治等诸多领域。

（2）广播电视教学指的是利用广播电视技术组织专门的教育活动。为了给广大群众提供良好的学习环境，我国各个地区都创办了不同形式的电视广播大学，如今它已经逐渐成为我国教育系统至关重要的一部分。

为了保证我国社会主义市场经济的正常运转与发展，我们必须全面发展教育事业。而作为一种重要的教育形式，广播电视教学应该与社教类节目一起承担为教育服务的重要使命。

三、为思想建设服务

中国广播电视为思想建设服务的总任务在于以爱国主义、社会主义、集体主义为核心，积极报道社会主义精神文明建设成果，弘扬社会公德、职业美德以及家庭美德。

（一）广播电视为思想建设服务的必要性

对广播电视而言，社会效益与经济效益都是其发展的重要目标，但当两者之间产生矛盾时，广播电视应将社会效益放在首位。

从理论层面来看，随着经济体制改革的不断深化，我国广播电视事业的经济属性与经济效益也变得更加显著。在社会主义市场经济条件下，广播电视事业在需要大规模经济支持的同时，其自身也能创造一定的经济价值。各广播电视台可通过播放广告的形式获取相应的经济效益，并通过制作精良的节目提升自身的收视率。虽然经济效益会对广播电视单位的生存以及广播电视事业的发展产生极大的影响，但我国的广播电视具有社会主义性质，需要以国家大局为重，以人民群众为主。因此，我国广播电视事业不能一味追求经济效益，而应该将社会效益放在第一位，在追求社会效益的同时兼顾经济效益，努力实现社会效益与经济效益的统一。

总之，中国广播电视工作需要将社会效益作为最高行为准则。同时，社会效益最大化这一准则也决定了广播电视必然要为思想建设服务。

（二）广播电视为思想建设服务的方法

进入 21 世纪后，党的领导人重新诠释了"高尚精神"，即加强人的塑造的新观点。从普遍意义来看，它针对时代与实践的要求强调人的发展；从特殊意义来看，它针对人的片面发展强调自我完善。其主要内容包括：通过扩大开放与交往塑造具有世界眼光与战略思维的开放型人才，通过素质教育培养创新型人才，通过思想政治教育塑造具有创业精神的人才，等等。这是一项长期而艰巨的任务。对此，广播电视工作需要强化以爱国主义、社会主义、集体主义为核心的思想道德教育，以及社会公德、职业道德教育。为了更好地完成这项任务，广播电视工作要通过积极健康的思想观念引导人民群众，推动整个社会的进步与发展。

人民群众是社会主义物质文明的建设者和现代化建设的主体。广播电视应该树立为人民群众服务的意识，根据人民群众的实际需求来安排广播电视节目，通过丰富多样且能反映人民群众的呼声、愿望以及劳动成果的节目来满足其不断增长的物质文化需求。

在充分把握人民群众的精神需求与思想特点的前提下，积极弘扬爱国主义、社会主义、集体主义是广播电视的另一个基本任务。广播电视对人民的引导教育主要涉及两方面，即揭露黑暗、批判丑恶与弘扬正义、树立模范典型。在此过程中，广播电视首先要做的就是宣扬社会主义物质文明、精神文明所取得的突出成就，引导、鼓励人民群众为中华民族的伟大复兴而奋斗。在这方面我国已经取得了一定的成就，并积累了丰富的经验。其次，广播电视要指出并纠正改革开放过程中出现的各种不良风气与错误思想。例如，我国广播电视台不仅集中报道深圳、杭州、广州、南京等城市建设的优秀经验，大力宣传"送温暖"等群众性文明创建活动，还积极开展爱国主义教育宣传，努力提升公民素质。

四、为政治建设服务

我国的国情以及广播电视自身的本质属性决定了广播电视要为政治建设服务。在为政治建设服务方面，广播电视既要充当党和政府的喉舌，对重大法令政策进行发布、解释，又要充当人民群众的喉舌，对党和政府的各项工作进行监督，及时报道社会中出现的各种问题以及人民群众的批评建议。中国广播电视应该为不断完善社会政治体制而服务。

（一）广播电视必须为政治服务

新闻传播事业具有三重工具性，分别是大众传播工具、社会舆论工具以及政党宣传工具。其中，大众传播工具的主要任务在于信息传播，这一点也是每个社会形态下的新闻传播事业的共性；社会舆论工具指的是不同的人会持有不同的观点，那些拥有相同观点的人会聚集在一起，形成舆论，并利用新闻媒介来表达舆论，新闻传播事业的理想状态便是让这些多元化舆论高度统一；政党宣传工具往往伴随着显著的阶级性，以政党利益为核心是阶级社会中新闻传播事业的本质属性。作为新闻传播事业的重要组成部分，广播电视事业的本质属性为政党宣传工具，这也代表着广播电视传播工作应以服务于宣传思想与意识形态领域的建设需要为首要前提，因此广播电台与电视台实际上是党和国家的舆论宣传机构。广播电视是大众传播工具，是政治体系中不可或缺的一部分。广播电视事业为政治建设服务的基本任务是由其在政治体系中的地位与作用决定的。

广播电视具有生动形象、传递迅速、传播范围广等诸多优势，它不仅能传递政治观念，而且能有效促进个人政治观念、政治理想、政治目标的形成。因此，广播电视与国家政治局面以及整个社会的和谐发展之间存在着非常密切的关系。

我国是社会主义国家，广播电视是党、政府和人民的喉舌。广播电视工作的首要任务是宣传党的方针政策、国家的法律法规，反映人民群众的生活、意愿。广播电视工作在党、政府与人民群众之间起着重要的纽带作用。

（二）充当党和政府的喉舌，做好群众的耳目

广播电视为政治服务的基本内容为充当党和政府的喉舌以及做好群众的耳目，这两者之间是辩证统一的关系。承担起这两项重任，充分发挥在党、政府与人民群众之间的纽带作用，是广播电视为政治服务的最高境界。

1. 为党和政府服务

广播电视事业肩负着为党和政府传递政治信息的重要使命，其中包括传达、解释党的路线、方针、政策、法规以及领导人讲话等，对重大政治、经济法案的制定进行实况转播，等等。这使得政府活动更加公开化，人民群众只需通过广播电视便能进一步掌握重大政策、事件以及法案的通过情况等。此外，广播电视还能在加强党和人民群众的沟通方面起到重要的舆论作用，有利于重大政策、方针的推行与贯彻。

2. 为人民群众服务

广播电视为人民群众服务的主要内容在于充当人民群众的耳目，对党和政府的工作进行监督。广播电视通过采访或其他新闻渠道获得的来自人民群众的政治信息包括社会外部环境针对党和政府的各项工作所提出的建议与批评。它既能有效监督党和政府的工作，又能促使党和政府对自身工作做出一定的调整。事实上，舆论监督是人民群众管理国家与社会的重要形式，它主要包含三个层次：其一，对党和政府的监督；其二，对公民社会道德的监督；其三，对企事业单位行为的监督。在我国，舆论监督主要是作为党和政府的管理、领导职能的补充与延伸来发挥作用的，这也是我国舆论监督与西方舆论监督的不同之处。中国特色的舆论监督的主要优势在于以强大的行政力量为后盾，所以它具有促成问题解决、更好地为人民群众谋福利的重要作用。

总的来说，在努力推动社会生产力的发展和社会政治的进步方面，广播电视责无旁贷。

第三节 广播电视的基本功能

一、新闻传播功能

在生产生活中，人们需要通过掌握外部环境与内部环境的变化情况来及时调整自己的认知与行动，正如远古时代的人们在狩猎过程中利用呼喊来传递信息，用烽火作为紧急信号。后来，报纸的出现使信息传递逐渐纸质化，广播电视的出现使信息传递的速度更快，传播影响力也变得更大。因此，可以说人们获取信息的需求推动了广播电视等传播工具的创新和发展。新闻传播是广播电视最基本的功能。

（一）新闻传播功能的体现

作为广播电视最基本、最重要的功能，新闻传播功能的信息传播功能、监督功能、沟通功能以及导向功能具体体现在以下几个方面，如图1-2所示。

第一章 广播电视的基本内容

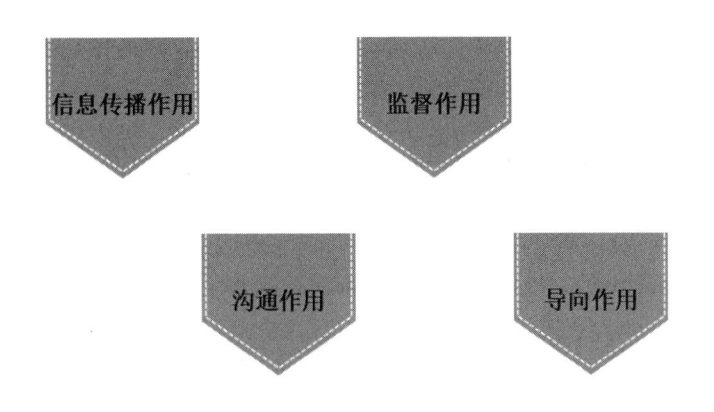

```
┌─────────────┐    ┌─────────────┐
│ 信息传播作用 │    │  监督作用   │
└─────────────┘    └─────────────┘

┌─────────────┐    ┌─────────────┐
│  沟通作用   │    │  导向作用   │
└─────────────┘    └─────────────┘
```

图 1-2 广播电视新闻传播功能的具体体现

1. 信息传播功能

新闻传播事业诞生的主要原因是满足人类社会对信息传播的需求。信息指的是人们所传递的与某个事物的状态相关的消息，它的存在能在一定程度上消除或减少那些不确定的内容。人类社会的生存与发展离不开信息。随着信息社会的到来，信息传播已经成为大众传媒的重要任务之一，社会对信息需求的快速增长也为广播电视的发展提供了内在动力。

广播电视有着能迅速传播信息的优势，它不仅是新闻传播理想的传播媒介，而且是信息传播的现代化工具之一。所以，信息传播在广播电视的众多功能中占据主体地位。广播电视的对象性节目、专题性节目、综合类节目以及新闻报道类节目等中都蕴含着大量新闻信息。

如今，我国收听广播电视节目的工具十分丰富，收听、观看广播电视也成了人们重要的日常生活习惯。通过收听、观看各种广播电视节目，人们对世界的认知变得更加清晰，未知领域在不断减少。

2. 监督功能

广播电视新闻传播的舆论监督包括人民群众通过广播电视对党和政府所做出的宏观决策及其落实情况进行监督、对企事业单位的行为进行监督、对政府公职人员的行为进行监督、对各种社会行为进行监督等。这些监督有利于促进社会主义民主化进程，营造良好的社会风气。

广播电视的广泛性与公开性使其在社会监督、社会批评方面独具优势。它可以将批评诉诸社会，并利用社会舆论的力量对被批评者施压，形成监督，从而使问题得到更好的解决。

新闻传播的监督功能想要得到真正的发挥，就需要以正确的舆论导向为基础，保证事实的准确性，保持与人为善的态度，遵循适量、适度的原则。在工作过程中，要明确舆论监督报道的重点与范围，正确行使监督权利，规范记者的采访行为；要坚持用事实说话，让被监督者改正工作中的错误，更好地完成工作，在报道内容方面不应集中于某个行业，要以促成问题的解决为目标。唯有如此，广播电视新闻传播的舆论监督功能才能得到最大限度的发挥。

3. 沟通功能

沟通功能是广播电视新闻传播的重要功能之一，其既包含纵向沟通又包含横向沟通。

（1）纵向沟通指的是广播电视可以通过新闻传播完成上情下达、下情上传的任务：一方面将党和政府的重大举措、重要精神传达给人民群众，促进人民群众参政议政；另一方面将人民群众的生活、愿望反馈给党和各级政府，为其制定各种方针政策提供重要依据。

（2）横向沟通指的是广播电视通过新闻传播促进各个地区、部门之间的沟通与交流，增强民族凝聚力，实现共同发展。

中国广播电视新闻传播的沟通功能主要表现为解释功能。广播电视作为党和政府的喉舌，有义务对党和政府所出台的各项法律法规和措施进行适当的解释与宣传。除此之外，广播电视还可以通过分析社会现象来提升人们的认知能力和对社会不良风气、不良现象的抵御能力。这些沟通工作能够有效消除或减少人们的疑惑与顾虑。

4. 导向功能

如今，广播电视正处在社会舆论的中心地位。大众传播媒介与传播者成了信息传播过程中的控制者与把关人。在信息传播的过程中，大众传播媒介扮演着过滤、放大信息的角色。信息的把关者包括制片人、编辑、记者、主持人等，他们所发挥的作用主要是加工、筛选各种新闻素材，并将其中的一部分加以强调和突出。受众会结合所获得的信息，形成相应的舆论。此外，广播电视还可以广泛收集人民群众的愿望、呼声、意见，并将其集中起来，形成一种较大范围的舆论，从而实施舆论引导（以评论的方式进行引导，将倾向性意见与舆论结合在一起）。

社会舆论的引导是广播电视作为党和政府喉舌的重要体现。广播电视可以通过新闻传播的方式直接或间接地引导社会舆论。通常情况下，这种导向功能还体现在引导实际工作方面，具体而言就是对某个事物和做法展开分析和讨论，以此来推动、引导实际工作。对群众社会生活的引导也是广播电视引导功能的重要体现，包括引导人们的生活方式、生活准则等方面。

总之，广播电视新闻广播的导向功能主要体现在通过对社会舆论、社会生活的引导，影响人们的思想。

（二）广播电视新闻传播的优势

1. 时效性强

随着科学技术的不断发展，广播电视采集新闻的设备更加现代化，全球通信卫星系统与微博转播系统被应用在新闻的采访与转播中，实现了广播电视新闻报道与新闻事实的同步。

在遇到重大新闻或出现突发性事件时，广播电视可以随时调整节目安排，进行即时播报。

2. 受众面广

由于广播电视为不同年龄、不同群体、不同性别的受众开办了适合其收听、观看的节目，受众几乎不会受到年龄、文化程度等方面的限制，只要具备基本的视力、听力、语言能力，就都能够收听、观看。

3. 信息容量大

这项优势具体表现在以下几个方面：第一，广播电视的节目数量较多；第二，新闻涵盖范围较广，涉及文化、军事、经济、体育、科学等诸多领域；第三，广播电视的信息发布频率较高；第四，广播电视的传播符号直观性较强，更容易被受众接受；第五，在新闻传播的过程中，很少出现"梗阻"情况；第六，广播电视新闻传播的信息符号较多，可以对文字、图像进行综合利用。

4. 可信性强

广播电视所采用的传播符号具有形象、直观、具体的特点，可以将人物、事物、场景等有声有色地重现出来，让受众产生身临其境的感受。这种形式与语言文字相比更具可信性与感染力。

二、社会教育功能

（一）社会教育功能的主要表现

1. 传播文化知识

广播电视通过开设各个学科、层次的知识讲座，对受众进行教育教学，如《百家讲坛》《互联网时代》等。这是一种非常重要的教育方式。这类广播电视节目具有提升人们文化素养、陶冶人们情操的重要作用。

2. 普及科学技术知识

随着信息时代的到来、科学技术的发展，人们不断了解、掌握各个方面的新知识。与此同时，社会的科技化、信息化也使得人们对新技术、新知识的需求变得越来越强烈，而广播电视的社会教育功能正如一个面向社会开放的大讲堂一般，为人们持续提供他们所需的最新的知识信息。

在众多广播电视节目中，既有直接讲解科学技术知识的专题节目，又有以纪录片的形式将复杂深奥的科学技术知识通俗易懂地讲解给受众的文艺类、服务类、新闻类节目。

3. 提升人们的思想素质

提升人们的思想素质是广播电视社会教育功能的重要体现。广播电台、电视台能通过各种节目对人们进行法制、思想、道德等方面的教育。

理论教育是我国广播电视的中心内容，它在提升全社会的思想道德水平方面有着非常重要的作用。对此，我国各级广播电台、电视台纷纷将理论宣传作为工作重点，并形成了以中央台为主、各省市级台为辅的理论宣传网络。

（二）社会教育节目的特性

1. 灵活性

灵活性主要体现在广播电视社会教育节目的形态与表现形式上。在形态方面，广播系列报道与电视系列片可多可少，电视纪录片、广播剧可长可短；在表现形式上，抒情、叙事、纪实、访问等均可。

2. 综合性

广播电视社会教育节目的综合性主要体现为选材方面受限较小，既可以是几千年前的人类活动，也可以是最近发生的新鲜事；既可以是人们日常生活中的各种小事，也可以是国际上发生的大事；既可以是万里之外的异国风光，也可以是近在咫尺的乡土风情。

总之，凡是与人类、自然、社会相关的思维活动，都可以被纳入广播电视社会教育节目的选材范围。

三、信息服务功能

（一）信息服务功能的主要表现

随着社会主义市场经济的不断发展和受众需求的不断变化，中国广播电视的信息服务功能变得越来越显著。该功能主要体现在以下几个方面。

1. 为受众的日常生活服务

与其他大众媒体相比，广播电视在为群众提供生活服务方面更具渗透力。例如，广播电视的信息服务节目可以让受众掌握最近的天气情况、交通情况以及各种养生知识、健身方法等。只要是与群众生活密切相关的内容，广播电视节目都能涵盖。

2. 为经济活动服务

经济信息对人民群众的生产生活至关重要，而广播电视由于所具备的传播迅速、影响广泛等特点在传播经济信息，推动生产，沟通产、供、销渠道方面能发挥巨大作用。如今，广播电视广告已经成为人们日常生活中不可或缺的一部分。广告在生产与消费、生产者与消费者之间架起了一座沟通的桥梁。

3. 为全面的信息交流服务

广播电视的服务性节目可以结合实际生活中的各种问题，与受众进行沟通与交流，交流的信息内容包含经济、政治、社会生活、文化等诸多方面。可以说，无论是决策者与决策者之间的信息交流，还是群众与群众之间的信息交流，广播电视节目都能实现。此外，广播电视节目在信息交流的过程中还发挥着指导作用，能对社会舆论进行引导。

（二）广播电视增强信息服务功能的必要性

广播电视增强信息服务功能是由社会政治、经济以及文化的发展决定的。

1. 政治层面的需求

随着改革开放的不断深化，民主政治得到了发展，群众参政议政的意识逐步提升，舆论监督的力量进一步增强。广播电视作为联系政府与群众的重要纽带，应该努力为群众提供反馈意见、建议的平台，应密切关注社会生活中所出现的各种问题，引导社会舆论朝着积极、健康的方向发展。

2. 经济层面的需求

我国的社会主义经济正处于转型发展的重要时期，为了帮助中小企业更好地适应国内外市场的变化，大众媒介应当为其提供准确、及时的经济信息和各种先进的生产技术知识等。因此，这方面的需求也成了推动广播电视服务类节目发展的重要因素。

3. 文化生活层面的需求

社会的进步、经济的发展使得人民生活水平得到了较大程度的提升。与此同时，人们对精神生活也提出了更高的需求。对此，广播电视应正确认知自身在文化娱乐方面的独特优势，自觉承担起满足人们文化娱乐需求的责任，努力制作出更多精良的节目，为人们提供更多的文化信息。

四、文化娱乐功能

（一）文化娱乐功能的体现

1. 提升受众的审美水平

广播电视节目可以通过画面与声音的形式为受众呈现理想的生活图式，描绘美好的文化娱乐生活，使其获得良好的审美体验，推动其人格的完善。

广播电视节目，特别是文艺类节目在提升人们的审美水平方面能够发挥独特的作用。当人们在收听广播剧、广播小品、广播小说时，能够获得良好的审美体验；当人们在观看戏曲、文学、电视剧等电视节目时，能够得到美的享受。

2. 满足受众的文化娱乐需求

人们收听广播、观看各种电视节目的主要目的在于获得轻松愉悦的感受。为了满足受众的这一需求，广播电视不仅开办了大量文化娱乐性频道，而且提高了文化娱乐节目在各个频道节目中的占比。

文化娱乐不存在等级之分。只是不同的受众群体在不同的接受条件下与不同的文化中所产生的偏好不同。这一点也是受众需求多元化与广播电视节目文化娱乐功能多样化的重要体现。

（二）广播电视文娱类节目的特点

广播电视文娱类节目的特点主要有兼容性、渗透性、创造性、连续性以及综合性，如图 1-3 所示。

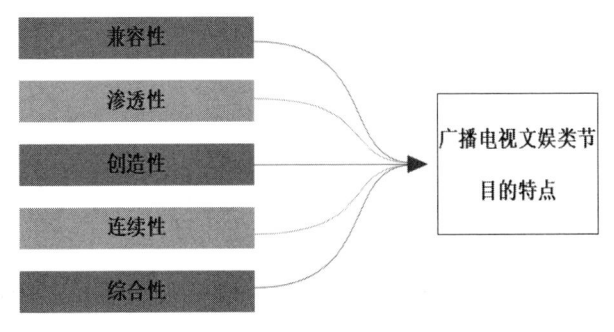

图 1-3　广播电视文娱类节目的特点

1. 兼容性

所有广播电视节目都具有一定的兼容性，这一特点在广播电视文艺类节目中表现得更为强烈。从艺术品种的角度而言，广播电视可以涵盖文学、音乐、绘画、舞蹈、电影等艺术门类；从题材内容的角度而言，广播电视节目既包含上古时代的神话传说、人们日常生活中的各种琐事，又包含对未来世界的幻想；从节目品种与样式的角度而言，广播电视既包含时尚性的、教育性的节目，又包含社会服务性的、娱乐性的节目。从某种意义来讲，广播电视的文化娱乐功能正是因为文娱类节目强大的兼容性才得到充分体现。

2. 渗透性

广播电视文娱类节目的渗透性是由广播电视的传播特性与文化娱乐的本质决定的。一方面，广播电视是一种兼具先进性与优越性的传播媒介。广播电视节目无须像报刊书籍一样，专门去书店购买，也无须像电影、戏剧一样购买门票才能观看，它凭借着收听、观看方便、信号覆盖面广泛等优势成为大众娱乐休闲的第一选择。另一方面，广播电视文娱类节目走进千家万户，为广大受众群体提供便捷的文化娱乐服务，做到"开之即来，关之即去"，同时容纳不同层次、类型的节目内容，以此在广大受众中产生了较强的渗透性与影响力。

3. 创造性

从艺术的角度来理解，"文化"包括景观设计、城市规划、建筑等环境艺术，小说、诗歌等创造性文字，舞蹈、音乐、歌剧、戏剧等行为艺术，陶艺、编织等手工艺术、雕塑、绘画等视觉艺术。这种"文化"更侧重于创造性，而创造性正是文化艺术活动的生命力，更是各类文化娱乐节目的立足之本。

广播电视文艺工作者应树立推陈出新的意识，对那些内容单调的节目进行改革创新，在结合自身实际情况的基础上，积极吸收国外或国内其他地区的优秀经验，不断推出制作精良、富有创造性的文化娱乐节目。

4. 连续性

广播电视文娱类节目连续性特点存在的重要前提在于受众能连续、定期收听、观看节目。

广播电视通过便捷的传播形式与自由的家庭接收方式为大众提供了连续、定期欣赏文艺节目的机会，也为文娱类节目创造了良好的生存与发展条件。例如，连续广播剧、长篇评书、电视连续剧等已经成了深受大众喜爱的文娱类节目形式。

5. 综合性

广播电视的音像传播形式决定了文娱类节目具有综合性，主要表现为时间与空间的综合、各种表现手段的综合。其中，时间与空间的综合构成了广播电视艺术的主要特征，并逐渐衍生出逼真性、运动性、蒙太奇性等个性特征；而各种表现手段的综合也衍生出一系列新的文艺样式。

正是因为有了兼容性、渗透性、创造性、连续性、综合性这些特点，广播电视的文化娱乐功能才得到了充分的发挥。

第四节　广播电视的社会属性

社会属性是一个较为宽泛的概念。如果从不同的角度对其进行理解，就会产生不同的认知。总的来说，广播电视的社会属性主要包含基本属性与一般属性。

一、广播电视的基本属性

广播电视的基本属性需要从以下三个层面来认知。

（一）广播电视的自然属性

事实上，广播电视是一种适应生产力发展与科技发展水平的通信手段。它的自然功能便是对那些以图像、声音为符号的信息进行传递。从自然功能的角度来看，广播电视可以被社会集团或个人利用，为实现多种社会目的服务。例如，同样的技术设备，不仅被应用于广播电视，而且被应用于监测、导航、通信。

（二）广播电视的物质属性

广播电视并非自然产生的，而是人类社会活动的产物。当技术水平达到一定高度后，它便会成为人类社会活动的工具，为各种社会活动服务。例如，它能发挥传递音像信息的功能，帮助人们开展社会教育、传播新闻信息、进行文化娱乐、完成意识形态宣传等。这些社会功能使广播电视从通信手段逐渐转化为一种新兴的社会文化传播媒介。这种传播媒介的服务对象是广泛的社会公众。所以，广播电视也是一种大众传播媒介。

（三）广播电视的社会属性

广播电视的自身发展及在社会生活中所发挥的作用使其成了人类社会生活的重要内容，并不断朝着专业化、高级化发展，进而成为一种具有一定规模的社会事业。而作为一种社会事业，广播电视需要依附于一定的社会集团而存在。

作为一种大众化的社会文化传播媒介，广播电视不仅具有自然属性、物质属性，而且具有一定的社会属性，其中包括文化性、大众性、意识性。广播电视的文化性主要体现在广播电视自身所构成的文化形态及其传播内容中包含的文化形态。广播电视的大众性主要体现在广播电视传播对象的广泛性、传播内容的通俗性以及传播方式的公开性等。意识性是广播电视主要的社会属性，这种属性说明广播电视所传播的内容无论以什么样的方式体现都是人类意识的产物，它所体现的客观世界也是人们主观意识的反映。所以，以人们的意识成果为主要内容的传播活动必然具有意识性，广播电视传播的实质就是人类的一种意识形态活动。

广播电视传播活动的意识性赋予了广播电视事业一定的意识形态色彩，使广播电视逐渐变成一种意识形态工具，所以意识形态性就是广播电视的本质属性。

二、广播电视的一般属性

除了基本属性之外，一般属性也是广播电视属性的一个重要方面。广播电视的一般属性主要包括所有权决定性、政治倾向性、舆论性。

(一)所有权决定性

众所周知,经济基础决定上层建筑。作为一种重要的意识形态工具,广播电视是上层建筑的构成部分,由经济基础决定,并反作用于经济基础,为经济基础服务。想要正确认知广播电视的性质,就要既看其自身的所有制性质,又看其依附的经济基础(社会经济制度的性质)。属于上层建筑的广播电视与其经济基础相适应的最佳表现便是其所有权决定性。

所有权决定性指的是所有制决定性,主要包含以下三个特征:第一,所有制性质决定广播电视传播活动的方针;第二,所有制性质决定广播电视传播内容的意识形态性质;第三,广播电视经营者的所有制性质决定广播电视事业的性质、宗旨与任务。这也意味着,广播电视事业所处的社会经济制度以及经营者的所有制性质与经济地位决定着广播电视事业的发展。在以公有制为主体的社会主义制度下,广播电视也具有社会主义性质,其宗旨、活动方针、传播内容等都应与社会主义性质相适应,并为全体人民服务,为社会主义经济、政治制度服务。

(二)政治倾向性

政治是经济的重要表现。在阶级社会中,经济利益是基本利益,各个阶级为维护本阶级的经济利益而开展的各种活动及其与其他阶级的关系是政治的主要内容,其表现形式主要为代表一定阶级的政党、社会势力以及社会集团在国家生活、国际关系方面的活动与主张。

作为一定阶级的政党、社会势力、社会集团的意识形态工具,广播电视在开展各种传播活动的过程中,必然会带有一定的政治倾向性,主要表现在大力支持、宣传体现本阶级利益的政党、社会势力、社会集团的政策与主张,反对其他敌对阶级的政策与主张。广播电视的政治倾向性既可以是公开的、直接的,又可以是隐蔽的、间接的。此外,广播电视所具有的政治倾向性也可以使其变成必要的宣传武器与思想武器。

(三)舆论性

广播电视具有迅速、真实、形象等传播特点,文化性、大众性以及意识性等特征使其具有较强的舆论作用。舆论指的是社会公众或一定的社会集团对某种事物大体一致的观点或看法,对人们的行为、道德具有一定的约束力。意识形态宣传与新闻舆论是社会舆论的向导,对社会舆论有着较大程度的影响。而广播电视所拥有的各种功能,如文化娱乐、社会教育、新闻传播等,几乎每种都能反映社会舆论、形成社会舆论、影响社会舆论。因此，广播电视具有舆论性，在具有鲜明政治倾向性的前提下，广播电视的舆论性能发挥一定的指向作用。

综上所述，广播电视是一种以电子音像技术为手段的大众传播媒介。当它处于阶级社会时，便会成为某种社会制度、阶级的意识形态工具与舆论工具。

第五节　广播电视媒介内容形态

一、广播电视语言

媒介在进行信息编码时所采用的语法体系与语言要素被统称为媒介语言。当我们在写一篇文章的时候，需要斟酌字词，考虑通篇的结构、起承转合等，还要形成自己的语言风格。媒介语言也是如此。平面媒介语言以文字、色彩、背景、图片等为要素，以版面组合、版面设计为语法手段，同时根据主要内容确定平面的风格。

（一）广播语言要素与电视语言要素

虽然广播与电视被统称为电子媒体，但两者不仅在受众群体方面存在一定的差异，在媒介语言要素方面也存在很大的区别。广播电视语言要素如图1-4所示。

图 1-4　广播电视语言要素

1. 广播语言要素

广播的语言要素相对单一，以声音为主。

（1）人声。在广播语言中，人声也就是人类语言，指的是人们在日常生活中使用的语言或书面语言，包括主持、配音、演讲、访谈的语言。人类在交谈时向对方传达的信息，有一部分需要依靠肢体语言和表情，而当人们处于比较黑暗的空间时，人声便产生了新的意义与质感。这也正是很多温情谈话节目选择在夜间播出的重要原因。

（2）音乐。音乐是一门需要依靠聆听的艺术。音乐频道也是众多电台中非常热门的频道，它主要通过较长时间地播放音乐，并在其中穿插少量主持人的话语来构建整个节目体系。不仅如此，音乐本身也是包括非音乐节目在内的各种节目中必不可少的元素。例如，广播剧需要音乐来烘托，谈话节目需要音乐来调节，就连新闻节目也需要以音乐开头和结尾。

（3）音响效果。以发声效果为依据，可将音响分为自然环境声、物声、事声以及人声。音响效果既可以在录音棚内通过特定设备获得，也可以通过现场采录的方式获得。其中，录音棚内所获得的音响效果主要应用在非新闻节目中，以获得特殊效果；而现场采录的音响效果则主要应用在新闻节目中，以表明新闻事件的发展变化。随着技术的发展，现在的设备不仅能对现实生活中的声音进行模仿，而且能创造出新的声音，从而为听众带来全新的听觉感受。

2. 电视语言要素

与广播语言要素相比，电视语言要素不仅数量更多，而且层次更加丰富。

（1）整体设计。整体设计包含演播室、节目主持人、嘉宾、外景影像资料等。

演播室的设计能够体现出节目的整体风格与定位。如果演播室灯光闪烁，说明节目的氛围相对活跃；如果演播室的布置大方简洁，说明可能是较为严肃的谈话节目。除此之外，演播室还会通过各种抽象或具象的道具来突出节目的主题。技术的发展也给电视制作者们提供了更广阔的发展空间，如虚拟演播室等。

节目主持人是大多数节目中都会出现的。根据节目的定位挑选合适的节目主持人是非常重要的。例如，那些以文化水平较高的群体为主要受众的节目，应该选择气质高雅、成熟稳重的节目主持人。

如果节目邀请了嘉宾，那么在布置演播室时，就应当为主持人与嘉宾营造适合交谈的环境。

（2）画面和声音。电视是一门声音与画面的艺术，它能同时传递声音与画面两种信息。

虽然电视画面与电影画面不同，但两者在基本手法上存在着许多相似之处。运动、角度、焦点、景深、景别的运用都能赋予电视画面更加丰富的寓意。

电视画面中不仅会出现连续画面，而且会出现静止画面。静止画面经常被应用在艺术品介绍或风景展示中，通常还会配上节奏舒缓的音乐，使观众得到身心上的放松。

为了使画面更具表现力，还可以适当使用一些特技。特技的应用使得制作者不用完全依赖现实，可以将动画、色块、框架、线条等融入画面。片头的制作离不开特技，它是节目风格的展示、节目定位的浓缩，在吸引观众方面发挥着重要作用。

作为电视语言元素的另一组成部分，声音并不是画面的附属品，它有着画面所无法替代的重要作用。声音并不是画面的补充、解释，而是在画面之外增加的一个感受纬度，与画面一同构成了一个完整的视听空间。

（3）字幕。对广大受众而言，电视节目是线性的、稍纵即逝的，当遇到被采访者使用外语、方言，或者播出稿的文学性较强需要人们深入思考等情况时，就需要通过字幕来补充、重复信息。此外，字幕对节目预告、天气预报、专题片等没有解说的节目来说也是非常重要的。

（二）声音蒙太奇与画面蒙太奇

广播电视中的蒙太奇概念是从电影中借鉴过来的，是指通过剪辑录制片段而实现完整叙事的效果。对广播电视而言，想要在有限的时间内展现出较长时间跨度的内容，就需要采用蒙太奇手法，也就是将内容分割成一个个小片段，保留重要的片段，省去不重要的片段，再将片段连接起来。

广播中主要使用的是声音蒙太奇。广播最终仅能通过一条传播通道向听众传播听觉信息，虽然在录播过程中可能会使用多轨录音，但事实上信息流是单一的；再加上语言元素较小，所以广播的剪辑要相对简单一些。广播的声音剪辑主要包含两种，分别是直接剪辑与混响。舒缓的音响能够给人带来放松的感觉，急促的音响则会给人带来紧张感。

与语言要素的三个层次相对应，电视语言的语法体系也包含三个层次，即画面的组织、画面的剪辑以及图像和其他元素的整合。

1. 画面的组织

画面的组织也被称为场面调度，也就是根据拍摄需要，将特定的事物安排到场景中，其中包括景深、景别、焦点、角度等方面的控制，演播室的人物走位、灯光布景、服装造型，以及场景的选择等。

2. 画面的剪辑

画面的剪辑也就是画面蒙太奇。它需要在众多素材图像中找到与拍摄需求相符的片段，选择剪辑长度与剪辑点，再将其按照特定的顺序组织起来，达到完整叙事的目的。

3. 图像和其他元素的整合

将所需的声音轨迹录制到画面轨迹所在的磁带上，配上相应的字幕，再利用各种手段来补充信息，会使电视画面看起来更加美观。

经过拍摄、剪辑、整合后形成节目，制作者想要表达的思想感情以及想要传达的信息便能更好地融入作品之中。

（三）广播电视的产制惯例

广播电视的节目制作并非只是个人创作，也是一种生产流程。媒介产品想要保持自身的生产特性，更好地满足受众的需求，就需要遵循一定的生产与制作惯例。

如果将电视与电影放在一起比较，便能发现电视的艺术性较弱，产品性质较强，需要保持栏目的连贯性与节目播出的流动性；而电影的艺术性较强，且多为单独文本。虽然两者在影像策略方面具有共同点，但在产制惯例方面却存在着较大差异。在节目制作过程中，制作者的个人创作风格会受到频道风格、播出时间以及产制惯例的限制。

在广播电视中，主要存在四个产制惯例，分别是叙事模式、互文性、类型化以及人物再现。

1. 叙事模式

此处的叙事指的是媒体通过特定的顺序与结构来阐述自己所掌握的事实。在广播电视节目中，它是指通过结构安排更好地体现节目主题。

广播电视包含部分、关系、顺序以及叙述者四大要素。广播剧、电视剧的叙事方式与文学作品相似，都是按照因果关系、时间顺序等将人物与事件组织起来。新闻节目的各部分之间虽然联系较为松散，但也遵循着一定的惯例，即按照国家领导人的活动、政治新闻、社会要闻、文体新闻以及国际新闻的顺序进行组织。游戏节目的各部分之间保持着递进或平行的关系，每个部分都是按照时间的顺序进行组织的。

2. 互文性

互文性指的是媒介的文本与文本的表述内容相互重叠，使表达的意义得以互相加强或冲突。互文性包括垂直与水平两个层面。

垂直层面上的互文是在不同的媒介中产生的。同一种文化资源可以被制作成不同的、互为补充的媒介文本。

水平层面的互文指的是两个或两个以上先后播出的节目之间互相影响。

互文性经常被应用在各种节目、媒介中，用来宣传那些重要的议题，从而形成主流认知与媒介合力。

3. 类型化

类型化指的是以节目的风格、要素、样式、主题内容为依据，将各种各样的节目分成几种较大的类型，在各类型下又进一步划分出若干个节目。例如，广播节目可分为音乐节目、新闻节目等，而音乐节目又可分为民族音乐节目、流行音乐节目、摇滚音乐节目等。

节目类型化符合当今受众细分化的发展趋势。从节目制作者的角度来看，对节目进行类型化处理有利于节目定位，有利于掌握同类节目的制作规律，构建同类节目的制作流程。

4. 人物再现

此处的人物再现指的是通过媒介的重新塑造与选择，使生活中的人物在广播电视中再现。此时的媒介人物不再是社会环境中的个体，而变成了具有特定意义的符号。

二、广播节目类型

广播节目的类型可以分为以下几种，如 1-5 所示。

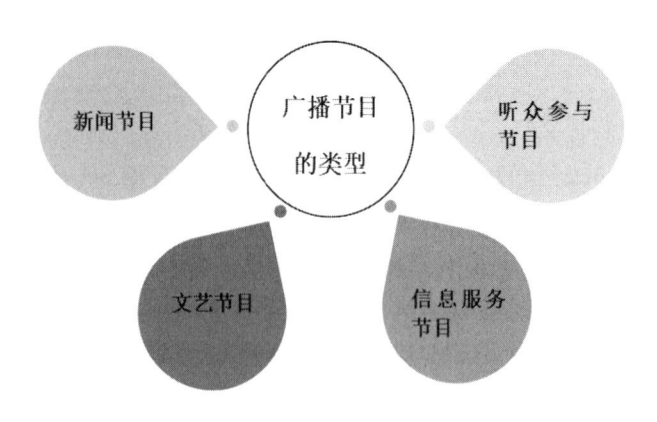

图 1-5　广播节目的类型

（一）新闻节目

在我国，广播新闻节目主要以直播或滚动播出的形式播出。广播节目制作起来相对简单，这使得它从新闻发生到新闻播出之间经历的时间更短，不仅如此，它的可信度也高于网络新闻，因此广播在新闻节目方面具有一定的优势。

1. 新闻消息型节目

在广播节目系统中，新闻消息节目居于主导地位。20 世纪 80 年代，社会生活发生了翻天覆地的变化，这些变化使得人们的信息需求逐渐得到重视。与此同时，广播工作者也在充分意识到新闻消息重要性的基础上，根据受众的需求滚动播出新闻。

关于新闻的播出顺序，我国广播界存在着一套不成文的规律，即先重后轻，先硬后软，以国家领导人的讲话或行踪为先，接着是经济、政治方面的新闻，然后是社会新闻、本地新闻、体育新闻、文艺新闻以及国际要闻。新闻消息型节目不仅要内容新颖，节奏快速，而且要具备一定的可信性与平实性，能够有效吸引受众。

2. 新闻杂志型节目

新闻杂志型节目具有结构灵动、内容丰富、容量大、时间长等特点，在现阶段拥有良好的发展态势。这类节目不仅能为广大受众提供新闻背景、新闻信息，而且能帮助受众开阔视野、增长见识，引导其进行深入思考。

新闻杂志型节目的受众十分广泛，且能够形成自己专门的领域。制作这类节目的关键在于怎样在将多元内容整合到一起的同时做到"形散神不散"。事实上，大部分新闻杂志型节目都是通过与滚动新闻结合的方式播出的，这就需要节目中的新闻评论、新闻背景、新闻事件专题、人物专题紧紧围绕最新要闻，利用各种衔接手段使之成为一个共同体。其中比较常见的手段便是间奏乐与串联词。

3. 新闻专题型节目

新闻专题型节目是一种介于新闻消息型节目与新闻杂志型节目之间的节目。它既是新闻消息型节目的展开，又可以通过拓展称为新闻杂志型节目。新闻专题型节目以新闻评论、通讯以及播发专稿为主，常通过主持人口述与音响报道结合的方式对重大新闻事件（或人物）进行解释与分析。新闻专题型节目与新闻消息型节目不同，它能更多地具有制作者的主观分析色彩。

（二）文艺节目

作为艺术与受众之间的重要桥梁，广播有多种艺术形式，对当代大众的审美情趣与审美取向产生了深刻的影响。

广播的文艺性主要体现在以下三个方面：

第一，它使文化艺术得以普及，并与其他大众传媒一同创造了通俗的大众文化。

第二，它省去了其他信息传递方式，直接诉诸人们的听觉，使各种艺术中蕴含的听觉元素得到了彰显，并通过广大受众的想象形成新的艺术形式。

第三，它为受众提供了更加便捷的参与文艺活动的渠道，使得文艺传播变成一种大规模的、双向的、互动式的文化活动。

在广播节目的众多文艺样式中，最具特色的便是广播剧。广播剧以声音为主要叙事方式，通过各种音响手段进行艺术创作，给受众以良好的审美享受。

我国的许多传统艺术如相声、评书等都以声音造型为主。以戏曲为例，虽然表演者的身段、舞台上的布景以及各式各样的服饰难以在广播中得到体现，但其独特的唱腔却能得到更好的体现。广播为这类传统艺术提供了重要的发展、传承途径。

除此之外，在广播的推动下，流行音乐也得到了进一步发展。流行音乐只有通过大众媒介才能被更多的人所熟知。如今，当歌手出了新的专辑后，都会将新歌送到电台去打榜。虽然音乐排行榜的功过莫衷一是，但这种独特的形式却符合听众的心理，受大众喜爱的歌曲在排行榜中的排名会不断提升，或是在排行榜首位停留较长时间，这一过程也能让受众获得除音乐欣赏之外的愉悦感。

广播除了会在艺术形式方面下功夫外，还会利用各种艺术手段对音乐进行积极整合、创新，以此形成新的文艺节目。例如，山西人民广播电台就采用诗与音乐相结合的方式，成功打造出了大型广播音乐剧《苏武牧羊》。

（三）信息服务节目

这类节目常通过介绍、推介产品与服务，为受众提供生活信息，使受众获得一定的知识，对受众的消费观念与生活方式进行引导。

有些广播电台为农村群众专门开设了一批信息服务类节目，在为其提供致富信息的同时对其进行科技宣传，这一举措取得了良好的社会效益。作为节目制作者，想要让这类节目能够真正发挥作用，就必须从受众群体的角度出发，采用他们喜闻乐见的语言与播出形式，避免刻板的教科书方式，要让受众听得懂、喜欢听。在广播系统中，法制服务节目与经济服务节目处于非常重要的地位，这些节目在制作过程中也应适当结合受众的现实生活，以提升自身对受众的吸引力。

目前，在各个城市的系列频道中，交通频道受到了人们的广泛喜爱。事实上，交通和广播两者之间本身就存在着天然的联系，各种车辆的司机是收听广播非常集中的人群，广播的便携性使其在这类人群中占据了媒介制高点。作为一名司机，需要及时掌握合适的交通线路以及交通状况，而广播可以很好地满足这些需求。随着广播业的不断发展，如今的广播交通节目除了能为司机提供路况信息，还能向其传授车辆保养、交通法规等方面的知识。

（四）听众参与节目

在所有大众媒介中，广播是最先实现双向交流的，这一点也是其重要优势之一。

在早期的广播中，听众主要通过写信的方式向广播电台反映自己在收听节目后的感受与心得，而这些反馈对广播事业的发展起到了巨大的推进作用。

一般而言，广播听众参与节目的形式主要包含两大类：一类是直接参与广播节目，如点播歌曲、参与游戏、发表评论等；另一类是对节目提出反馈，参与广播节目的评选，促进广播节目的不断完善。

在有的广播节目中，听众参与是主体，如竞猜游戏节目、点播节目等，在这类节目中，听众不仅要收听节目，而且要参与节目。在收听、参与游戏节目时，听众需要攻克节目安排的各种难题，然后得到相应的奖励。游戏节目的重点在于新颖的节目创意，需要不断创新形式，只有这样才能对受众产生更强的吸引力。

在其他广播节目中，听众参与只作为节目的一部分，需要与其他内容相结合。以体育节目为例，当体育赛事直播结束或者新闻播报完成后，会接听听众的来电，通过听众具有代表性的评论来表达广大受众群体的想法。这样的形式往往能够收获比单向传播更理想的效果。

三、电视节目类型

电视节目内容丰富、数量庞大，从不同的角度可将其划分成不同的类型。其中较为普遍的是将其划分成以下几个类型，如图 1-6 所示。

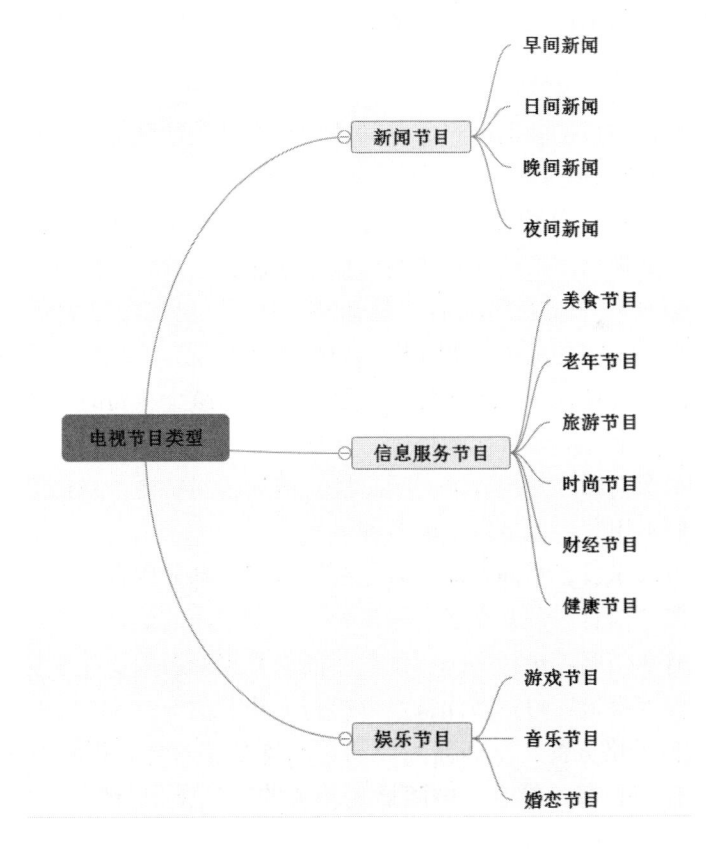

电视节目类型
- 新闻节目
  - 早间新闻
  - 日间新闻
  - 晚间新闻
  - 夜间新闻
- 信息服务节目
  - 美食节目
  - 老年节目
  - 旅游节目
  - 时尚节目
  - 财经节目
  - 健康节目
- 娱乐节目
  - 游戏节目
  - 音乐节目
  - 婚恋节目

图 1-6　电视节目类型

（一）新闻节目

新闻是各种媒介传播的主要内容，电视媒介也不例外。

在我国，新闻节目是众多电视节目中非常重要的一部分，人们还将其视为舆论宣传的前沿阵地。中央电视台所推出的一系列新闻节目在强化中央权威、引导社会观念以及向群众提供最新实事信息方面发挥着重要作用，而各地方台则结合自身特点加强新闻报道。《新闻联播》《焦点访谈》《新闻调查》《东方时空》等知名新闻节目的壮大体现着新闻节目的欣欣向荣。除此之外，新闻谈话、平视、纪实、舆论监督等观念的提出与更新也是众多电视工作者对电视新闻规律不断摸索的结果。

新闻与时间两者间存在着非常紧密的关系。随着新闻事件的发生与播报之间的时间变得越来越短，新闻播报的行为也逐渐扩展到了媒介的各个播出时段。下面将以时间为线索，对电视新闻节目的规律与特色展开分析。

1. 早间新闻

相比于其他时段的新闻节目，早间新闻有着一定的独特之处。

第一，一日之计在于晨，在开始一天的工作之前，人们都希望自己拥有一个良好的精神状态。为了满足观众的这一心理期待，早间新闻应该像一首清新愉悦的晨曲，展现出一种较为欢快的风格，营造出一种轻松的氛围。

第二，观众对早间新闻的需求是知晓层次的，更多的是对新闻概况的了解。另外，早上出门的人们需要了解当日的天气情况，所以在早间新闻节目中要增加一定的天气预报，适当增强其资讯性，适当减少新闻的深度评述与分析部分。此外，早上人们通常比较忙碌，即使看电视也不会很专心，所以早间新闻节目要在图像新闻之外提升可"听"性，增加新闻口播，并且提高信息的重复率，让人们不用观看也可以了解各种信息。

从内容方面来看，早间新闻节目主要包含三大部分内容：

第一，服务信息：包括交通、股市、天气等方面的信息。

第二，时事新闻：包括国际、国内新闻以及报摘新闻，并重复播出。

第三，深度报道：包括新闻背景分析与人物专访。

在节奏和风格方面，早间新闻要与早间特色相吻合，将软新闻与硬新闻结合、短节目与长节目结合，中间插入相关的天气预报与广告，做到张弛有度，营造欢快轻松的氛围。

2. 日间新闻

日间新闻主要包含全天的滚动新闻和午间新闻两部分。

事实上，一套随时更新的流动的新闻播出体系是一个新闻频道充满活力的重要表现。因此，中央电视台与各地方台在整点直播新闻已成为惯例。

午间新闻在全天的新闻中发挥着承上启下的作用。例如，央视的《新闻30分》不仅强调新闻的"新"，而且强调对当日或者最近发生的新闻进行深度的分析、报道与评论，以保证普通新闻的传播以及对重点新闻的处理和加工。对忙碌的人们而言，利用中午用餐与休息的时间去了解新闻事件的相关情况与最新动态，有利于更好地认知外界的变化。

3. 晚间新闻

中央电视台播出的《新闻联播》是全国的晚间新闻中收视率第一的栏目。作为最具影响力的新闻节目，《新闻联播》在全国的媒介宣传体系中占据着重要地位，并发挥着巨大的作用。因此，其承担着更为重要的舆论宣传任务，需坚守严谨与严肃的风格；其各种节目手段，如固定的标准的图像符号、正襟危坐的男女播音员以及新闻排序规则等，都必须注重权威性、政治性与可信性。这类节目传统需要维护和传承。

其他电视台在转播完《新闻联播》之后播出的本地新闻联播在地方媒介体系中的地位和功能与《新闻联播》存在一定的相似之处，但是其拥有更多改革与创新的机会，可以朝着"更鲜明的地域特色"的方向不断探索。

中央电视台在《新闻联播》播出后的下一个新闻栏目便是《焦点访谈》。《焦点访谈》创造的演播室评论与外景调查相结合的节目样式赢得了广泛的好评，被国内电视界普遍采用。它所传递的舆论监督精神也得到了国家领导人的高度肯定。在我国，与之相似的电视栏目有很多，但是其制作人员是否能仗义执言、不惧强势，是否有足够的能力做到语言简洁流畅，是否具有敏锐且睿智的辨别能力，是这类栏目成功与否的关键。

晚间新闻节目通常被认为是黄金时间的"封面"，这是因为在全国性的新闻联播播出之后，就是收视率排行榜前三位节目登场的时间，如大型游戏节目、当红电视剧等。"封面"的质量与水平对接下来黄金时间收视率具有重要的影响，所以做好晚间新闻节目是一个电视台的重要举措。

4. 夜间新闻

19点至22点这一时间段被我们称为"晚间"，而22点之后的时间段便是"夜间"。对电视新闻节目来说，"夜间"这个时间段有着非常大的发展潜力，因为如今大部分人在白天没有时间观看新闻，晚饭后通常又会加班或者应酬，而晚上还有挑灯夜战的习惯，在临睡前对时事有着一定的兴趣，这些因素使其成为夜间新闻节目的目标观众群。例如，美国、日本、欧洲等一些国家和地区的商业台的晚间新闻节目往往都会在23点之后，这符合一部分晚归或习惯晚睡的受众的作息时间。这一部分人恰恰是活跃在社会与经济领域的重要力量，对社会有一定的影响力，有助于提高电视台的经济效益与社会效益。

在国外，夜间新闻节目可分为三种类型，分别是新闻、新闻杂志以及新闻谈话，我国夜间新闻节目的类型与之大体相似。每天晚上的22点，中央电视台会连续播出《晚间新闻》，以此来总结一天发生的各种新闻。新闻杂志以美国《60分钟》为代表，它以对新闻事件的深入报道闻名，其制作的纪实性短片与深度报道看起来很像小型电视剧。新闻谈话节目，如《新闻调查》等逐渐有意识地摆脱了我国传统新闻节目对纪实、严肃、政治性和社会性的强调，在保持新闻本质的同时学习国外节目的"讲故事"观念，加强人文关怀，努力发掘新闻事实中的戏剧性要素来吸引观众。早期的《新闻调查》被认为除了长度之外，与《焦点访谈》等评论性节目没有本质区别，现在这个节目的特色正逐渐凸显出来：发现真相，故事化。发现真相就是强调新闻的真实性本质，拨开各种利益团体在新闻事实上施放的"烟雾"，寻求新闻的根本价值所在。此外，《新闻调查》在注重新闻真实性的同时，也开始积极寻求叙事技巧与故事化。

由于夜间新闻节目以年轻白领为主要受众群体，所以在设计节目的过程中应该更加注重时代感，突出文化品位，重点关注各类经济问题与社会问题。

（二）信息服务节目

信息服务节目涉及的范围非常广泛，几乎涵盖了人们日常生活的各个方面。信息服务节目主要包含以下几种类型。

1.美食节目

美食是人们的一项基本需求，它既能维持人们的生存，又能让人们获得精神上的满足，在经历了漫长的历史发展过程后，它也逐渐变成一种文化。我国的饮食文化源远流长、博大精深，是我国电视节目的宝贵资源。

如今，美食节目主要有三种形态：

（1）美食制作。这类节目的主要内容是向观众传授美食的制作方法，它的受众群体主要是家庭主妇。由于节目时长较短，美食制作类节目通常会在每天的上午、中午或下午的吃饭时间。

（2）与娱乐节目结合。从本质来看，这类节目属于游艺节目，通常在演播室录制，在晚上的黄金时间播出，凭借着新颖的节目形式、活跃的节目氛围以及激烈的赛制令观众在垂涎之余捧腹，如邀请几位厨师，开展一场厨艺比拼大赛。

（3）美食介绍。这类节目主要穿插在其他节目中，具体形式包括专门介绍某个餐厅的美食、由主持人一边旅行一边介绍旅途中的美食。美食介绍类节目的播出时间相对分散，受众群体也较为广泛。

2. 老年节目

如今，老龄化已经成为我国社会的一个重要问题。第七次全国人口普查结果显示，中国 60 岁及 60 岁以上的老年人口占全国总人口的 18.7%。这一数据同时说明老年人的市场潜力非常大。老年人的社会影响力与经济实力并不低于年轻人，随着观念的不断更新，他们愿意在提升生活舒适感的产品上花费一定的金钱。不仅如此，与年轻人相比，老年人的时间更加充裕，而观看电视节目也是其闲暇生活中非常重要的一部分。

老年节目涉及传统艺术、怀旧演出、电视剧、饮食健康、保健等诸多方面，其中比较受欢迎的是健康类节目和纪实性专题片。

3. 旅游节目

旅游的本质在于"行走"。电视是一种记录"行走"的载体，而电视本身也是一种文化"行走"行为。电视的诞生与普及使得人们足不出户就能看遍千山万水。很多人可能都有环游世界、游览四方的梦想，但这种梦想在金钱与时间的限制下未必能实现，而电视却能很好地弥补人们的这一遗憾。电视的旅游节目可以将世界各个角落的风光美景、民俗风情展现在观众眼前，为人们平淡的生活增添一份独特的趣味。

旅游节目具有专题片、真人秀、新闻报道等多种表现形式以及服务、娱乐与审美三大功能。

我国比较著名的电视旅游节目有《远方的家》《旅游365》《四海漫游》《爽食行天下》等。随着旅游热潮的兴起，单纯介绍风景的旅游节目已经很难满足观众的需求，因此电视旅游节目应该从形式、内容入手，不断提升其对受众的吸引力。

4. 时尚节目

随着物质生活水平的提升，人们的关注点逐渐转移到了时尚领域。时尚领域时刻处于变化的状态中，人们想要紧跟时尚，就必须花费一定的时间与金钱去了解时尚资讯与时尚潮流。时尚包含工作环境、家居、旅游、网络、音乐、书籍、饰物、电影、时装等诸多方面，还涉及人们的生活方式、观念以及情感，如同一个瞬息万变的万花筒。

时尚节目的受众群体主要是年轻的都市男女，因为这类群体的消费能力与经济实力相对较强，且愿意在时尚方面投入大量的时间与精力。

在我国，真正意义上的时尚节目相对较少，但电视台可以通过与具有国际化背景的杂志合作，利用其时尚资源与专业人才打造专业的时尚节目。时尚节目的关键在于围绕人物、资讯、时装、文化消费等各个方面，开发出不同的内容和形态。

5. 财经节目

经济的发展与电视财经节目之间存在着一定的联系，经济的发展能够推动财经节目的发展，而财经节目也能对经济的发展起到一定的推动作用。

财经节目发展的关键在于节目制作与节目编排。中央电视台二套节目围绕经济、生活、服务三方面，以经济新闻为主，以谈话性节目、专题性节目、背景性节目为辅，打造出了许多优秀的财经节目，如《第一时间》《天下财经》等财经播报类节目、《经济半小时》《中国经济大讲堂》《生财有道》等深度报道类节目、《回家吃饭》《消费主张》《是真的吗》等生活服务类节目、《对话》等访谈类节目。大多数财经节目均采用直播的方式进行播出，能够实现信息的快速传播；采用大量字幕与表格，让节目内容更加直观、易懂；通过邀请专业人士进行评析来增强节目的权威性与专业性。

6. 健康节目

随着生活水平的不断提升，人们对自身健康的关注度越来越高。这也使得健康频道、健康节目拥有良好的发展前景。电视台通过制作健康节目在为广大观众传播健康知识的同时，也能获得一定的经济效益。

健康节目需要注意两个重要方面：一方面是倡导健康的生活习惯与科学的医疗保健消费，引导人们合理购药、用药，不损害自身的身体健康；另一方面是关注节目的质量，坚持以丰富的内容吸引受众，以科学的理论引导受众。

信息服务节目的范围非常广泛，此处只选择了以上六种类型展开分析，其中每种类型都足以建立一个专业频道。

（三）娱乐节目

作为电视台不可或缺的节目之一，娱乐节目受到了广大观众的喜爱，这一点通过其较高的收视率也能体现出来。

广义层面的娱乐节目主要包含大型晚会、综艺节目、游戏节目、音乐节目、体育比赛、电视剧等，而狭义层面的娱乐节目通常只包含综艺节目、音乐节目以及游戏节目。

下面将围绕娱乐节目中比较有代表性的游戏节目、音乐节目以及婚恋节目展开论述。

1. 游戏节目

如今的游戏节目主要包含两种形式：一种是以游戏形式进行的，整个过程需要参与者开动脑筋、互相协作才能完成，游戏过程中会出现各种情况，引得观众捧腹；另一种是以知识竞赛的形式进行。知识竞赛型游戏节目的制作成本相对较低，它既不需要像新闻节目那样四处搜集信息，也不需要像电视剧那样耗费大量的资金，只需具备丰富的题库、能力较强的主持人、布置合理的演播厅等条件即可。节目参与者赢得的奖金主要来自赞助商。但在节目制作方面，知识竞赛型游戏节目也存在着一定的不足，即参赛者的选拔时间较长。

2. 音乐节目

电视和音乐之间存在着非常密切的关系，电视的发展使音乐发生了极大的变化。其中最典型的例子便是MTV（音乐电视网），随着它的出现，大部分年轻人的音乐欣赏形式发生了改变。

MTV也被人们看作"小电影"，其主要原因在于它与电影之间存在着一定的相通之处。但与电影相比，MTV有着更强的节奏感与画面跳跃感，而在叙事方面相对模糊一些。当然，它的具体风格主要取决于音乐的内容。在音乐节目中，MTV占据着非常重要的位置，几段MTV加上主持人的串场便能撑起一个音乐节目。

3. 婚恋节目

婚恋节目指的是由电视台策划制作的为未婚男女提供相亲平台的电视节目。

婚恋节目会邀请自愿报名参加节目的男女嘉宾来到录制现场，通过一定的环节使两情相悦的男女嘉宾配对成功，从而达到相亲的目的。

婚恋节目要以社会责任为根本进行制作。在制作过程中要有正确舆论导向，坚守专业素养，发挥电视节目的娱乐和教育功能；宣扬积极的婚恋观，坚持健康阳光舆论导向，弘扬高尚的道德品格。

婚恋节目既有娱乐功能，也有相应的教育功能。要有效提高节目品位，必须主动传播主流文化和社会主义核心价值观，宣扬真善美，坚决杜绝有违社会公德的内容。

除了以电视节目的方式播出，婚恋节目也可以通过各种线下活动进行。例如，河北广播电视台2017年在石家庄举办了"2017福乐药业·河北第二届婚恋文化节"，2018年举办了"2018冀广婚恋嘉年华"；2020年，河北广播电视台、河北广电传媒集团联合河北省总工会、共青团河北省委共同主办，河北广电盛腾文化传媒有限责任公司承办了"2020第五届河北婚恋文化节暨《有缘天空》嘉年华"；等等。

第二章 广播电视产业概述

产业指的是国民经济中具有同一类属性的企业经济活动的集合或系统。广播电视产业指的是严格按照工业标准，对广播影视产品或服务进行生产、再生产、储存、分配的一系列活动，即指从事广播影视产品与服务的生产经营活动以及为这种生产经营提供服务的行业。

将广播电视视为一种产业，并非由人们的主观意识决定，而是社会经济发展与广播电视自身特点的要求。

第一节 广播电视产业的定位、功能与结构

一、广播电视产业的定位

广播电视产业的定位需要从以下几个视角进行分析。

（一）历史视角

纵观广播电视的历史发展过程，我们可以发现它大体上经历了三个阶段：第一个阶段为技术发明阶段。在这一阶段，广播电视只是一个发明装置，只能作用于较小的范围内，不具备大范围传播的技术基础与市场条件。第二个阶段为萌芽阶段。随着技术的不断发展，广播电视在这个阶段能够完成较大范围的传播，广播电视的公众市场逐步形成，广播电视产业开始萌芽。起初，人们对广播电视的盈利来源是不明确的，直到广播电视中开始插播广告，广播电视产业才开始具备内在生长力，之后广播电视产业才有了长足的发展。第三个阶段为商业化阶段。随着广播电视的不断普及，广播电视机构实现了全面盈利，主

要表现在，国际广播电视产业市场的开放与广播电视机构数量的增加促进了广播电视产业市场的形成；一大批具有商业头脑的广播电视经营者积极开拓国际广播电视产业，建立并发展了许多大型广播电视集团企业。

从整体角度来看，广播电视产业并非一开始便能盈利，广播电视产业与市场也并非自然形成。所有商业模式在诞生之前，都需要先找到其赖以生存的盈利途径。广播电视由最初的技术发明，逐渐发展为具有商业投资价值、能产生巨大利润的产业，经历了非常漫长的发展过程；从对技术手段的应用到发现其中蕴含的经济价值，并寻找与广播电视自身特点、与社会相适应的可行的盈利途径，再到明确广播电视产业经济增长与资源补偿的模式，推动广播电视产业的形成也是一个过程。这些过程与广播电视产业的技术、市场等方面相适应，也是人们对广播电视认知发展的重要结果。

在我国，1992年之前，只有政府可以对电台、电视台进行投资，电台、电视台是为党和政府提供宣传服务的重要机构。所以，从政治属性的层面来讲，电台、电视台具有行政性组织机构的身份；从文化属性的层面来讲，电台、电视台具有事业单位的身份。后来，随着我国市场经济的进一步发展，广播电视产业才逐渐被划分为第三产业，电台、电视台才拥有了企业身份。自此之后，我国广播电视的经济属性日益显著，广播电视产业得到了迅速发展。

（二）全球视角

从全球视角来看，随着社会信息化水平的提升，广播电视产业拥有了更好的发展前景，成了国民经济新的增长点，广播电视产业的全球化发展趋势也变得愈发显著。

从世界范围来看，广播电视产业已经变成产业经济的重要组成部分之一，成为资本投资的重要方向。虽然各国在将广播电视产业划分到哪个具体部门方面还存在分歧，但在将其作为第三产业这一点上却是一致的，这有利于广播电视产业的发展。

（三）业态视角

从业态视角来看，早在1947年就有学者从经济学、传播学、管理学等方面对市场经济与广播电视的关系展开了研究，研究内容包括政府对广播电视产业的影响、广播电视资本市场、广播电视市场的垄断与竞争、生产者选择与市场反应、消费者选择与市场反应、广播电视市场的概念与角色等。由此得出了一种比较普遍的观念，那就是广播电视产业具有高收益、高附加值的特点，是一个具有垄断性的产业部门。

1. 广播电视产业受政府管制

广播电视产业的规则需要由政府制定，只有特定的广播电视运营商和电视网络才可以播放广播电视节目。在国外，政府管制之前只被用来限制竞争，但是现在政府更多地用激励机制推进运营商的运营活动。同时，政府管制造成了市场准入的限制。因此，广播电视经营机构在获取经营许可后，可以进行行业内的兼并与联合，实现规模经济，推动广播电视企业的积极发展。但较高的进入壁垒与高度市场垄断，又会使政府管制给消费者带来一定的不利影响。

2. 广播电视产业是知识密集型产业

从整体而言，虽然目前广播电视产业的物质技术水平有了较大程度的提升，物质资本的重要性有所增强，但人力成本在广播电视企业的变动成本中仍占有较大比重。与一般产业相比，劳动力在广播电视产业中更为重要，知识型人力资源是广播电视产业非常重要的生产要素。特别是像广播电视节目的生产制作这样的创造性劳动，需要由知识水平较高的专业人才来完成，因此较高水平的广播电视专业人才也成了广播电视企业争夺的焦点。

3. 广播电视产业是高收益、高附加值的产业

广播电视产业的固定成本主要集中在电视网络与基础设施的建设上，变动成本则是节目制作的成本。总体来看，广播电视产业也属于智力生产与创造的范畴，具有高附加值的特点。从发展的角度来看，广播电视产业在经济效益方面有着良好的发展前景。

（四）受众视角

生产者、消费者以及流通环节是构成市场体系的核心要素。对广播电视产业而言，由于广播电视节目的生产提供与传输环节都集中在广播电视经营机构，由电台与电视台负责完成，所以要提高对广播电视产业的认知，就需要对消费者（受众）进行重点考察。

通常情况下，我们将报纸、广播、电视以及互联网并称为"四大媒体"。广播、电视需要在与其他媒体的竞争过程中寻求更好的发展。从传统媒体的角度来看，广播电视面临着报纸带来的冲击。以报纸为代表的纸质媒体能够给受众带来良好的视觉效果，不仅易于识记，而且便于保存，所以报纸也是人们非常喜爱的传统媒体。

网络得到广泛普及应用之后，便逐渐成为人们日常生活的重要组成部分，

而网络媒体的发展也在一定程度上威胁着广播电视在人们心中的地位。网络媒体具有较强的交互性，传播信息的速度也会比其他媒介更快一些，受众还可以利用网络媒介自由选择信息内容。此外，网络媒体能为受众提供更加个性化的服务，其准入门槛也比广播电视要低一些。

当然，广播电视自身也有着其他媒体无法比拟的优势：其一，受众面广泛，虽然报纸媒体与网络媒体有着庞大的受众群体，但与报纸的订阅费用与网络的技术阻碍相比，广播电视价格更加低廉，更易于被人们接受。其二，可信度较高，危害性较小。与网络媒体相比，广播电视的准入门槛更高，更容易监管，从而使其传播的信息更具准确性、安全性。其三，传播内容丰富。受众可以通过广播电视欣赏到各式各样的节目，获得良好的感官享受，而这一点是其他媒体所无法比拟的。

简言之，无论是与报纸等纸质媒体相比，还是与网络媒体相比，广播电视都在大众媒体中占有重要地位。

二、广播电视产业的功能

我国广播电视产业主要具备两大功能，即信息功能与产业功能。

（一）信息功能

著名的传播学者哈罗德·拉斯韦尔提出，媒介主要具备三大功能，分别是环境监视功能、社会联系功能、社会遗产传承功能。随后，社会学家赖特·米尔斯又在此基础上补充了媒介的另一功能——娱乐功能，这四个功能都是以媒介的信息属性为基础而提出的。任何一种媒介都是因为具有信息功能而得以存在。此外，信息功能也是其他功能的重要基础。

（二）产业功能

与其他产业相同，广播电视产业的经济效益也需要通过经营活动中的劳动消耗量与劳动成果才能体现出来，即劳动成果相同，消耗的物化劳动与活劳动越少，所产生的经济效益就越高；相反，消耗的物化劳动与活劳动越多，所产生的经济效益就越低。在广播电视产业中，物化劳动与活劳动主要包括广播电视物资供应、广播电视节目、跨行业经营服务以及跨行业经营产品等。

如今，我国广播电视产业正处于"意识形态的媒介"向"产业经营的媒介"发展的过渡阶段，其功能主要表现在产业功能上。

三、广播电视产业的结构

广播电视产业的结构指的是广播电视产业各个构成部分的技术经济联系及其方式,主要包括广播电视产业在宏观层面的组织结构、市场结构、资源结构以及布局结构等,如图 2-1 所示。

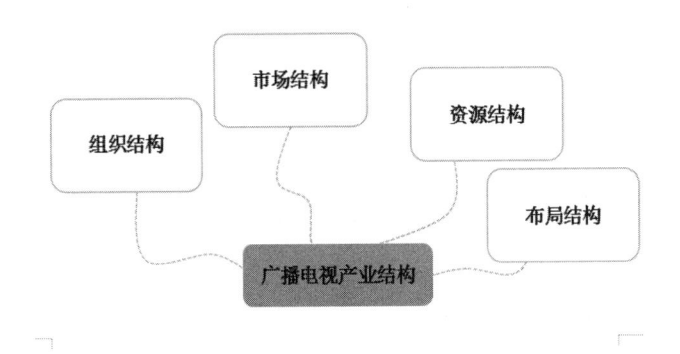

图 2-1 广播电视产业结构

(一)组织结构

如今,媒介产业获取资金的途径主要有两种:一种是国内资本,它包括媒介产业内资本、媒介产业外资本(包括国有资本与民间资本);另一种是国外资本。在我国,媒介的投资主体是国家,部分媒介存在一定的非国有资产投资,这也使媒介组织结构变得多元化。

现阶段,广播电视产业的系统外资金与合作包含两个途径:一是买断单一节目和时段的广告代理权,二是成立各种电视节目制作公司。此外,部分系统外资金进入了铺设宽带网的广播电视经营领域,这种做法是对广播电视产业发展所需的大规模资金的必要补充。

目前,我国广播电视产业正处于整合阶段,其结构和规模还在不断变化着,追求规模经营、降低成本的本质属性得以显现;各地广播电视产业纷纷对资源进行整合,化零为整,进行规模化竞争。

(二)市场结构

广播电视产业的市场结构主要包含三部分,分别是信息产品市场、物质产品市场、多种经营产品与服务市场。其中,信息产品市场不仅是广播电视产业开拓其他市场的基础,而且是其经营收入的主体。

以市场集中度为依据,可以将广播电视产业的市场结构分为完全垄断、寡头垄断、垄断竞争以及完全竞争。

(三) 资源结构

资源是生产过程中生产要素与自然资源的总称。广播电视产业的资源主要有节目资源、广告资源、技术资源、受众资源、时间资源、频道/频率与网络资源等。

现阶段广播电视产业的资源结构还有待调整。在电台与电视台激增的同时,节目资源在数量与质量方面存在着一定的不足;频道/频率资源急需得到质的挖掘;技术在广播电视产业未来发展过程中的地位有待提升;人力资源关系着广播电视产品的质量、创新乃至整个行业的生存与发展,广播电视产业的竞争,说到底是从业人员能力、智力的竞争。

(四) 布局结构

广播电视产业的布局结构能够在很大程度上反映我国各地广播电视的发展情况,而各地广播电视的发展情况与当地人们的思想水平、物质生产以及现代化程度有着密切的联系。

区域广播电视台应该立足于本地区的文化脉络,积极发展富有本地区文化特色的节目内容,如北京的广播电视台可以以弘扬传统文化为主题、上海的广播电视台可以围绕国际化都市的经济生活制作广播电视节目。

第二节 广播电视产业的需求、生产与市场

一、广播电视产业的需求

广播电视等媒介的产品主要包含两个层次的消费需求,即媒介产品与顾客。

媒介产品,包括包装后的广播、电视、书籍、杂志、报纸等产品。二元市场决定了媒介市场的售卖关系是媒介生产产品给受众,广告主购买时间段的实质是购买受众。

媒介产业中的"顾客"包含两个构成部分,即广告主与受众。

广播电视产业的市场消费需求具有以下特点：

首先，广播电视产品的消费主要集中在精神文化产品与信息产品上。随着媒介竞争变得越来越激烈，媒介市场已经逐渐从卖方市场转变为买方市场。受众原本在媒介传递信息的过程中处于被动接受的状态，现在却成为媒介传播内容的主导者，媒介需要根据受众的需求来制订产品生产与推广计划。

其次，受众对媒介传播内容的需求产生了很大的变化，体现在需求的个性化特征更加显著，受众对知识、审美等精神方面的追求更加主动。

广播电视媒介产品还有二次售卖过程，即将被广播电视节目吸引的受众交给广告主，并通过这种方式获得广告收入。广告主看重的是有利于其产品营销的受众，所以广播电视节目的目标消费者的收视/收听率、满意率成为广告主决定是否购买某个广告时段的重要因素。在此过程中存在着一个经济学方面的概念，即"价格需求弹性"。当某件产品的需求下降程度远高于其价格上涨幅度时，其"价格需求弹性"就会变强；当该产品的价格涨落对需求没有太大影响时，其"价格需求弹性"就会变弱。出现这种情况的原因往往是该产品的"可替代性"较低，消费者可选择的空间不大。

除此之外，广播电视产业的需求中也包含收入弹性，广告收入与需求量之间的关系非常密切。当企业的经营状况不好，收入较低时，就会减少对广告的投入。

总之，尽管广播电视产业的盈利主要源于广告客户，但得到观众的喜爱还是广播电视节目制作与广播电视产业盈利的重中之重。

二、广播电视产业的生产

（一）广播电视产品

在广播电视物质产品、信息产品以及多种经营产品与服务中，最核心的便是信息产品。与其他类型的产品不同，广播电视的生产对象不是自然产品，更不是加工过的物质产品，而是社会生活。

（二）广播电视产业生产的物质基础

在我国，广播电视产业的生产具有有线广播电台、无线广播电台、电视台，以及广播电视节目传输与制作系统等物质基础。

（三）广播电视产品与其他媒介产品的关系

此处的广播电视产品主要指的是广播电视信息产品。媒介产品的构成内容丰富、行业广泛，每种媒介产品的性质、功能、形态都各不相同，其中既包含平面印刷产品，又包含视听产品；既包含娱乐休闲产品，又包含有利于智力发展的产品。在满足人们的精神文化需求的同时，广播电视各种产品之间也存在着一定的关系。

广播电视产品与杂志、报纸等媒介的产品相比，在视听方面具有先天优势。无论是什么类型的媒介，都有其自身的发展空间，但这种空间总是一定的。媒介产品在具有互补性的同时通常会存在互相代替性，而这种特性在纸质媒介中表现得更为突出。广播电视产业中所存在的竞争关系，要求各个产业个体将重点放在产品、服务以及管理上。

三、广播电视产业的市场

（一）广播电视媒介市场的定义与分类

1. 广播电视媒介市场的定义

媒介市场是由媒介产品共同联系起来的供媒介生存与发展、其消费者进行消费的重要场所。具体来说，广播电视媒介市场就是由广播、电视、电影、报纸以及杂志等共同构成的竞争与合作并存的行业市场。

2. 广播电视媒介市场的分类

广播电视媒介市场包括广播电视产业要素市场与最终产品市场。其中，要素市场包括信息市场、设备市场、技术市场、劳动力市场以及资金市场等；最终产品市场包括跨行业物质产品市场、信息服务市场以及节目市场等。与节目市场关系最为密切的便是广告市场，它是在节目市场的基础上发展而来的，是可以盈利的媒介市场的主体。

我国媒介市场的主体主要包括网络媒介、广播电视媒介以及印刷媒介。对广播电视产业而言，它们不仅要在本产业内面临激烈的竞争，而且要与其他媒介进行竞争，而竞争的关键就在于对媒介市场的占有。

相比于其他产业，广播电视产业有着自身独特的市场空间与运作规律。在现阶段，广告收入仍然是广播电视产业的主要收入。

我国广播电视产业主营业务的主要收入来源包括出售电视节目、作品的收入，频道收费，发行收入，广告经营收入。

技术的创新在很大程度上改变了媒介的市场构成、产品模式与盈利模式。多媒体技术的发展，将会使电视节目内容的"无收费"模式得到改变。

（二）广播电视媒介市场的规模

媒介市场与广告市场两者之间存在正比例关系，这也意味着广告市场的数量与规模能在较大程度上反映媒介市场的数量与规模。

虽然现阶段我国传媒市场与发达国家仍存在较大的差距，但消费者对于媒介产品的总需求相对稳定，用于大众媒介的经费的变化与经济的整体发展趋于一致。

（三）广播电视产业的资源配置

广播电视产业的资源包括节目资源、受众资源、频道/频率与网络资源、广告资源、时间资源、资金资源以及技术资源等，如图2-2所示。

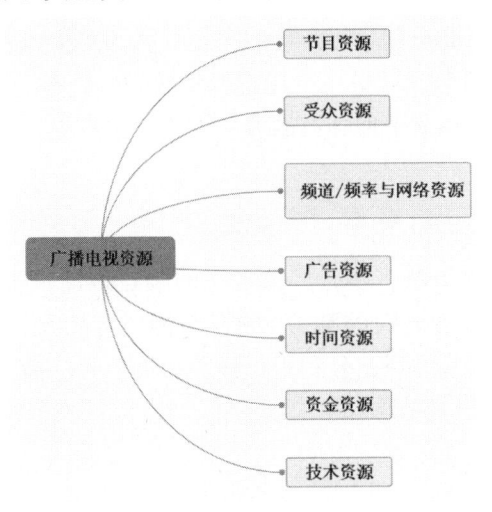

图2-2 广播电视产业的资源

配置指的是产业之间、生产者之间以及地理区域之间各种资源的分布与组合情况。而广播电视产业的资源配置指的是上述各种资源在广播电视媒体及其个体内的组合与分布。

1.节目资源

节目是广播电视产业的核心产品。我国的广播电视节目市场有非常大的发展潜力，这也是我国广播电视产业的重要资源与巨大优势。随着广播电视节目社会化、市场化程度的不断提升，专门制作广播电视节目的公司陆续出现。与此同时，对节目的制作、发行、营销、播出等工作的要求也越来越高，生产流程的专业化成为广播电视公司未来的重要发展趋势。

在节目资源方面，我国广播电视产业应该树立全球意识，在积极开拓国内节目资源市场的同时，将制作精良的广播电视节目推广到国际市场中。

2. 受众资源

对媒介而言，受众是其实现经济效益与社会效益的重要因素。媒介以受众为销售对象，通过将受众出售给广告主来获得广告收入（广告主对广告时间与广告版面的投入）。

截止到 2021 年底，我国的广播节目覆盖率达到了 99.38%，电视节目覆盖率达到了 99.59%。这代表着我国广播电视产业有着庞大的受众资源以及巨大的发展前景。

媒介的发展以受众市场为重要前提，怎样实现以市场为决策标准，而非以自身想法为决策标准是其赢得市场的关键。我国广播电视产业应该在对受众进行深入分析的基础上，对受众市场进行细致划分，进一步掌握受众的喜好，在节目制作、发行等环节中做到有的放矢，构建出有效、合理的受众资源配置结构。

3. 频道 / 频率与网络资源

随着科学技术的不断进步，广播电视的频道逐渐从稀缺状态转变为富足状态。目前，我国广播电视的频道 / 频率与网络等资源已经具备了一定的规模。如果这些资源能够得到充分利用与开发，将会为广播电视产业带来巨大的经济效益。

4. 广告资源

目前，广告经营收入在我国广播电视产业中占有一定的优势份额。广告收入将对广播电视的生存与发展产生直接影响。从整体角度来看，随着经济的不断发展，媒介的广告收入也有所增加。但在广告收入中，各媒介的占比会有所变动。

广播电视产业在利用广告资源的过程中，应尽量避免出现播放虚假广告、滥用广告时间段、侵犯消费权益的情况。

5. 时间资源

对作为电子媒介的广播电视而言，时间是其基本的自然资源。广播电视时间资源配置的合理性需要从电台、电视台的内部微观节目的层面进行考察。无论是全国性的广播电视新闻节目的时间安排，某个电台、电视台节目的时间安排、内容设置，还是某条新闻报道的时间安排，都离不开科学的时间资源配置。其中，中央人民广播电台的《新闻和报纸摘要》与中央电视台的《新闻联播》便是合理配置时间资源的典范。

6. 资金资源

目前，我国广播电视产业现行制度仍然包含着一定的国家财政投入，这些资金会被分别划入广播电视行业的各个级别单位。广播电视是一个需要大量投入的行业，特别是那些国家基础建设项目。这些资金资源能够在一定程度上缓解广播电视产业发展的不平衡，是国家对广播电视产业进行宏观调控的重要手段。

在媒介市场日趋成熟的同时，资源也会随着市场需求得到合理配置，进而产生较高的资金回报、获得较多的资金注入。从某种意义上来说，这些资金向某些媒介流动的过程，也是市场意志下资金资源配置的结果。

7. 技术资源

广播电视行业具备一定的技术含量。例如，中央电视台将半自动化模拟播出系统转换成数字机械手全自动播出，实现了节目播出的全智能化、自动化，在降低生产成本的同时，大大提升了工作效率。而广播电视未来重要的发展方向也是继续提升产制节目的技术含量，因为高技术带来的不仅是高效率，而且是高质量。

第三节　广播电视产业管理体制与产业经营

一、广播电视产业管理体制概况

广播电视产业管理体制与广播电视产业的管理权限划分、管理机构设置、组织形式、经济利益调整以及管理手段调节等方面有着非常密切的联系。其内容主要包括广播电视产业管理的调节制度、组织制度、职能划分制度，广播电视产业管理体制是以上三种制度有机联系的整体。从管理层次来看，广播电视产业管理可分为宏观管理与微观管理：宏观管理指的是在整个广播电视产业中，国家在不同地区、不同类型的生产单位的全局性管理的实施，突出国家宏观调控、政策指导的作用；微观管理指的是广播电视产业个体在经济活动中所实施的管理，以广播电视产业管理体制中的基本层次与元素形态为主要管理对象。

从宏观层面来看，广播电视产业管理体制主要有四种类型，分别是行政指令型广播电视管理体制、社会调节型广播电视管理体制、分权型广播电视管理体制以及二元复合型广播电视管理体制。产生这些不同类型管理体制的重要原因在于不同国家政治体制、经济体制、历史文化传统的不同。

行政指令型广播电视管理体制是一种高度集权的管理体制，指由各级政府与广播电视行业的主管行政部门，通过各种行政手段以及指令性计划来维持产业正常运转的管理体制。它主要表现为条块分割的领导形式，也就是同级地方政府负责财政、人事方面的管理，上级部门负责业务指导。在广播电视的功能方面，该体制表现为以突出广播电视的"喉舌"功能为主，不注重经济效益，通常通过行政手段来对广播电视的产业运营与业务进行指令性控制。

社会调节型广播电视管理体制是一种需要借助社会力量来对产业运行进行调节的管理体制。在这种体制下，政府通常不会直接参与广播电视产业的管理，而是通过行业机构、法律、税收等方式来对其实施间接管理。一般而言，政府不会设置管理机构，而是会设立特殊部门。商业电台、电视台通过市场来调节生产与销售，进一步发挥市场经济的优势；社区不以营利为目的电视台，主要通过国家、团体、个人捐助等方式来获取维持自身生存与发展的资金。

分权型广播电视管理体制是一种适用于德国、南斯拉夫等文化联邦国家的特殊管理体制。以德国为例，德国与传媒活动相关的法律由各州制定，1984年，随着私营广播电视的诞生，联邦各州成立了"州传媒管理局"，负责审批、颁发广播电视业务经营许可。除此之外，德国还成立了全国范围的行业协会——德国新闻理事会。

在二元复合型广播电视管理体制下，国家会采取集权与分权相结合的形式，即国家垄断公共广播电视部门，规范、调节商业广播电视部门。这种体制不仅能保证广播电视产业在政府拨款的前提下正常运行，而且能有效避免商业广播电视产业出现垄断的局面，保持竞争的活力。

上述四种广播电视产业管理体制都是从宏观层面来划分的，如果以广播电视体系自身的产权性质为依据来划分，可将广播电视产业管理体制分为以下三种类型：

第一，广播电视公营管理体制。广播电视具有一定的公共事业属性，它不以盈利为直接目的，而注重突出独立性与公众服务性。在经济来源方面，除了政府、团体、个人的资助，它主要通过收听、收视来获取资金。

第二，广播电视国营管理体制。广播电视由国家负责投资、经营、管理；以国家政策、行政指令代替社会、市场调节；充当政府的宣传机器，从政府的角度出发，对政府颁布的各项方针、政策进行宣传。

第三，广播电视私营管理体制。广播电视部门是企业法人，以盈利为经营目标。国家不对广播电视产业进行直接管理，而是通过市场、法律等途径对广播电视产业进行间接规范。广播电视产业相对独立于政府，对资本表现出较强的依赖性，其背后往往有较庞大的财团支持。

二、广播电视产业管理体制创新

在创新方面，广播电视产业的目标是，用最少的媒介资源投入获取最大的经济效益与社会效益。

（一）宏观管理体制创新

广播电视产业宏观层面的管理体制创新主要表现在以下几个方面。

1. 放松政府规制

政府规制指的是政府为实现社会经济发展目标，对经济生活中的主体做出的法律法规方面的约束以及所采取的相关措施、手段。我国的政府规制具有间接化趋势，政府往往通过改变企业外部环境的方式来引导企业达到政府的预期目标。放松政府规制主要取决于以下几点：其一，世界经济一体化要求各国取消对国内市场的保护，实现国际经济交流；其二在国家的保护下，受规制产业的创新能力不足、效率有所下降；其三产业间的竞争日益激烈，受规制产业的发展受限。

对中国而言，为了更好地应对全球化挑战，应该放松对广播电视产业的规制，推动存量资源的优化组合；通过组建跨地区、跨行业、跨媒介经营的大规模企业集团，促进本国媒介市场的进一步发展。具体手段包括：以产业联合、并购、重组的方式实现资源的优化配置；积极引进社会资金、外资，实现产权结构多元化；允许多种性质的资本进入广播电视产业，实现投资主体多元化，扩大产业经营规模。

2. 建立产权明确的广播电视企业

广播电视产业管理体制改革要坚持循序渐进的原则，即从"事业单位，企业管理"的管理模式逐渐过渡到建立产权明确的现代企业制度。事实上，对事业单位进行企业管理，在逻辑层面本身就是一个矛盾的组合体。但在我国独特的文化背景下，这两个矛盾体之间实现了最大限度的结合，但许多难以解决的问题也随之而来。所以，实现政企分离、企事分离，让广播电视企业成为市场的主体，是实现广播电视产业可持续发展的必由之路。

产权不明晰会给广播电视产业管理体制带来一定的问题，公司制的确立应该以独立的市场经营主体为前提。倘若管理的权力没有被广播电视企业的经营者所掌握，其无法发挥资金使用、人员调配、管理决策等权力，便难以充分调动其管理的积极性，更难以使广播电视企业适应市场的各种变化。

与传统企业制度相比，现代企业制度具有以下几点特征：

第一，企业不仅规模较大，而且兼具多种经济功能，支持跨地区、多系列产品的经营。

第二，资本所有权与管理权分离，即企业中的高级决策者不再兼具资本所有者的身份，而是作为公司的管理人员。

第三，作为等级制组织，现代企业包含两个以上的管理层，其中中级决策者与高级决策者之间又形成了比较复杂的决策分工体系。

通过上述内容可以看出，企业规模的扩大、资本所有权与管理权的分离、内部等级制度管理的复杂化共同构成了现代企业制度的主要特征。我国广播电视产业所面临的改革问题也是由企业制度的这些变化带来的。

我国文化产业的体制改革需要经历两个主要阶段：一是事业型向产业型的转换。在此阶段，需要正确处理政府与产业之间的政企、政事、管办分离等问题。二是文化产业部门发展为独立的市场主体。在此阶段，应正确处理文化产业部门与市场之间的关系，其中包括怎样按照市场规律完成资源的优化配置、建立现代企业制度等问题。

（二）微观管理体制创新

广播电视产业的微观管理体制创新实际上就是某个具体媒介组织体系的创新。广播电视产业微观管理体制创新主要围绕以下三方面展开。

1. 目标与工作系统

获得经济效益与社会效益的双赢是广播电视产业的重要发展目标，其在产业化的过程中应及时转变观念，改变原来只注重社会效益、不顾经济效益的思想，平衡社会效益与经济效益之间的关系。广播电视产业所生产的各种产品，不仅要满足人们的精神文化需要，而且要有利于自身的发展。

2. 广播电视企业内部组织结构与职权划分

内部组织结构是管理体制运行的重要基础。媒介的组织结构主要包含三大因素，分别是管理职权、管理部门以及管理层次，而良好的组织架构是实施良好的管理制度的载体。在我国，媒介组织因其产权结构、产品、规模、经营范围的不同而有着不同的组织架构，不同的媒介应灵活运用组织结构，努力做到"形式服从功能"。

管理体制是一套以组织结构为基础的规则体系。媒介管理体制设计的主要目的在于调动人的积极性，保证媒介发展的长远利益。

在节目制作系统的组织调整中，我国的电台与电视台大部分都经历了从以频道为组织单位到以节目为组织单位的转变过程。以频道为组织单位的广播电视企业在组织结构上往往呈现出非网络化的特点，容易造成资源浪费。而以节目为组织单位的广播电视企业则可以使设备、资金、人力等资源得到优化配置。如今，各个地区的电台与电视台均已采用节目中心的组织结构，并建立了体育、文艺、社教等方面具有独立性的节目制作系统。

此外，在节目的生产、组织过程中，制片人制度也曾是广播电视产业管理体制创新的热点。制片人制度指的是在节目的生产过程中，制片人不仅是物权、版权、人权、财权的管理者，而且对节目的销售、社会效益负责。

以上所有机制灵活的组织结构，都具有市场化、网络化、社会化的特点。组织结构的创新不仅需要相关的法律法规进行规范，而且要与其他创新配套进行。

3.人的因素

随着知识经济时代的到来，人力资源逐渐成为广播电视产业竞争的关键。对此，广播电视产业管理体制创新的当务之急便是建立健全人事管理制度。

媒介人事管理制度应当建立以下几种机制：

（1）竞争机制。改变原本的终身岗位制，定岗不定人，实施双向选择。取消事业编制员工的优先权，以目标完成情况为标准，竞争上岗，将个人收入与工作业绩挂钩，使员工能够更好地实现个人价值。

（2）激励机制。在设置激励机制的过程中，应该充分考虑人的需求。激励机制主要包括福利待遇、精神奖励、职位晋升等手段，这些手段都与工作者的工作情况有着非常密切的关联，这便能在一定程度上满足工作者不同层次的需求。

在广播电视行业中，各种奖项的设立就是激励机制的重要表现，其中包括各个级别的优秀节目、优秀稿件的评选等，获得相关奖项的工作者便能获得一定的物质奖励或精神奖励。同时，这种机制也能对获奖者的同事、同行起到激励作用，促使其提升自我，更加努力地完成工作。

（3）约束机制。约束机制的主要作用在于充分调动工作者的工作积极性，对其不符合规定的行为进行规范，做到奖优惩劣，具体措施包括降薪、解雇等。如果广播电视企业在其体系内部遇到了难以解决的问题，也可以采取相关的行政手段与法律手段。

（4）协作机制。在知识经济时代，知识的互补性变得越来越重要，知识的专业化分工代表着每个人知识效益的发挥都更加依赖他人的知识。一个好的广播电视节目不仅需要好的主持人，而且需要好的导播、录音、摄像、编导等。从事广播电视事业的工作者，应自觉树立集体主义观念、团队观念，加强部门、同事之间的沟通与协作，共同打造出更好的节目，为广播电视产业的发展贡献自己的力量。

三、广播电视产业经营

媒介经营是媒介作为经济组织在市场中的经济行为。广义的媒介经营指的是在充分掌握市场竞争态势的基础上应对竞争、寻求发展的经济行为，狭义的媒介经营指的是媒介的广告经营。

（一）广播电视产业经营的内容

广播电视产业经营的内容主要包含广告经营、信息服务经营、节目经营、资本经营以及跨行业经营，如图 2-3 所示。

图 2-3 广播电视产业经营的内容

1. 广告经营

一直以来，广告收入都是我国广播电视媒介的主要收入。我国广告经营的意识始于上海电视台的首条电视广告《参桂补酒》。此后，中央电视台提出要将广告经营与节目宣传相结合，加强对广告经营的监督管理，将各个频道的广告资源集合在一起，实施统一管理。

2. 信息服务经营

信息服务经营主要包括信息查询、数据库的建立与检索、各项信息咨询服务等。现阶段，我国广播电视在信息服务经营方面还存在较大的发展空间。

3. 节目经营

节目经营通常以交换节目为主，我国广播电视在这方面还存在着无法真正体现节目价值、交换的节目不等值等情况。对此，我国广播电视应不断完善节目市场以及各项管理机制、价格机制。

4. 资本经营

与其他层面的经营相比，资本经营是一种新兴的经营内容，笔者将在下面的内容中展开论述（媒介资本运营）。

5. 跨行业经营

对广播电视产业而言，跨行业经营也是其重要的经营收入来源。如今，广播电视已经涉足贸易、娱乐、餐饮、旅游、房地产等诸多领域。虽然跨行业经营可以给广播电视带来更好的经济效益，但现阶段广播电视产业在多种经营方面缺乏人力资源、市场经验、管理经验，所以还是要保持谨慎的态度。

（二）广播电视产业经营的运行机制

1. 制作与播出分离

制作与播出分离是广播电视产业社会化的一项重要举措，即各电台、电视台掌握节目的播出权，并将节目的制作权交给其他单位或个人。通常情况下，制作与播出分离主要包括节目被播出机构收购、栏目承包等交易。制作与播出分离不仅体现了管理层对广播电视企业经营的关注，而且让一部分企业从中获得了一定的经济利益。

2. 传输网络与播出机构分离

广播电视产业将传输网络与播出机构分离，组建网络传输公司，将网络资源纳入市场轨道。广播电视产业经历了四次分离，第一次是网台分离，也就是在产业经营思路的指导下，将原本的有线电视台分离为有线网与电视台；第二次是制作与播出分离，以第一次分离为基础，对频道进行控制，开放生产领域；第三次是频道分离，即对影视、体育、娱乐等频道进行分营管理；第四次是宣传与报道的分离，即将一般的新闻报道与政府公告、舆论等分离，将一般报纸与机关报分离。

1997年，国务院召开的全国信息化工作会议提出"三网一平台"是我国信息化基础框架结构，其中"一平台"指的是国家的统一信息平台，"三网"指的是通讯网、计算机网以及有线电视网。1999年，国务院批准由中科院、上海市政府、铁道部和广电总局组建中国快速互联网，成立中国网络通信集团公司（CNC），该快速互联网将以有线广播电视网为主干。

3. 媒介融合

媒介融合涵盖组织机构、人力资源、技术与资金等诸多方面。广播与电视、有线与无线的合并是我国电子媒介融合的开端。许多跨国媒介集团的经营范围遍及各个媒介，而广播电视产业也成为其中不可或缺的一个子系统。应该注意的是互联网与数字化对媒介融合的作用。目前，宽带网络在传送声音、画面、文字等介质时已经不存在任何技术问题，而电信网与广电网未来的竞争会更加激烈，由技术决定的媒介融合也是无法避免的。

4. 集团经营

集团经营想要取得成功，就需要建立、完善集团管理制度，合理设置、调整组织结构。广播电视集团是媒介集团的重要构成部分，集团化不仅能壮大广播电视产业的经营规模、资金规模，促进资源的合理配置，而且能增强我国广播电视在国际广播电视领域的竞争力。

（三）媒介资本经营

媒介资本经营是媒介企业之间买卖媒介资本的经营行为。资本经营具有以下几点特征：

第一，资本经营是一种开放式经营。资本经营非常注重企业内外的资源配置，常通过控股、收购或兼并的方式来实现资本的扩张。

第二，资本经营是一种以价值形态为主的经营，它强调资本的流动性，侧重资本的支配、使用，常通过资本组合的方式来规避经营风险。

第三，资本经营是一种以资本导向为中心的运作机制，企业运作的核心在于资本的保值、增值。

规模经济与产业化所带来的效益与竞争导致媒介迫切需要大量资金的投入与市场化操作，同时资本市场也需要通过媒介来提升自身的社会认同度以及获得高额回报。

1. 国外媒介资本动态

在国外媒介资本运营中，比较有代表性的事件是2000年美国在线

（America Online）收购传媒大王时代华纳公司（Time Warner Inc.），并购后的公司成为集娱乐、新闻、出版、互联网服务于一体的大型传媒与信息公司。这次并购使得美国在线华纳时代公司的年收入得到了大幅度提升。但到了2002年，该公司因内部出现无法融合的问题，导致业绩严重下滑，业务受到影响。

通过这个并购案与媒介资本运营动态，我们可以获得以下启示：

（1）媒介资本渴望扩张。媒介资本在欧洲市场寻找合作伙伴的主要目的之一便是在抵御其他资本冲击的同时，在媒介市场中获得更大的利益。

（2）新旧媒体呈现出资本融合的趋势。众所周知，时代华纳是传统媒体公司，而美国在线是网络媒体的新锐。被并购前，时代华纳无论是营业额，还是总资产，都远远超过美国在线，但这一切都在资本估价时出现了逆转。在宣布合并时，美国在线的市场价值高达1640亿美元，而时代华纳仅有833亿美元。

国外媒体的举动能够反映出在成熟的市场机制下当代媒介产业的发展规律，媒介资本运营在这些举动中可窥见一斑。通过审视我国媒介资本动态，发现我国媒体实际上也卷入了全球媒介资本运营，只不过在程度与具体方式方面具有中国特色。

2. 国内媒介资本动态

2001年，全国宣传部长会议上提出新闻出版广播影视业在日后的改革与发展过程中应该坚持"四个创新"，即宏观管理机制创新、微观领域结构创新、市场组织体系创新以及投融资体制创新。其中，投融资体制创新在一定程度上代表着媒介资本经营已经得到了管理部门的认可。

第三章 广播电视体制改革

在很长的一段时间内,我国广播电视所实行的都是行政事业单位管理体制。随着改革开放的深入以及社会主义市场经济体制的逐步确立,体制改革与结构调整已经成为广播电视产业发展的重要主题。与其他行业相比,广播电视行业存在着一定的独特性,这种独特性要求它既要遵守产业运营的内在规律,又要受制于行业政策导向;既要强化产业功能,又要保证舆论导向的功能。

第一节 广播电视集团化改革与行政管理改革

一、广播电视集团化改革

集团化改革是 21 世纪初广播电视行业影响较大的一项体制性改革。2000 年是这项改革的开端,随后逐渐形成热潮,一直到 2005 年中国广播影视集团的撤销与限制性政策的出台才逐渐冷却,并出现新的调整趋向。在我国,最早的广播电视集团是 1999 年成立的无锡广播电视集团。无锡市位于江苏省的东南部,是我国改革开放的先行地区之一,经济较为发达,具备广播电视体制改革所需的基础条件。事实上,早在 1998 年,无锡广电局就已经开始研究组建集团,实行"多台合一""局台合一",对当时的广播电视管理体制与运行机制进行改革,以此来实现提升行业发展活力、优化资源配置的目标。1999 年无锡广播电视集团成立之后,无锡广电局分别从五个方面实施了改革:第一,将集团定性为"国有独资事业单位集团",授权经营市广电局下属各单位的国有资产,实行"综合税费定额缴纳"办法;第二,集团与市广电局实行"两块牌子,一套班子"的管理体制(同一机构同时具有两种名称,对外表现两种身份），由市政府授权依法行使行政管理职能；第三，集团实行节目制作与频道设置专业化，将宣传与经营分离（营）、制作与播出分离（营）；第四，集团以广告创收为主，根据条件开展多种经营；第五，集团对市辖江阴、宜兴、锡山三（市）县和郊区的广电系统进行垂直管理。无锡广电局的这一改革开创了我国广播电视集团化改革的先河，得到了国家广播电视总局与江苏省广电局的认可与支持。

真正使广播电视集团化改革被国家广播电视总局提上议事日程的，还是原国家广播电视总局局长徐光春在2000年8月的全国广播影视局局长座谈会暨"村村通"广播电视现场会上的讲话——《以"三个代表"为指针，以"三个创新"为动力，加快广播影视事业的改革和发展》。此次会议上，他明确提出：要加快体制创新，通过走集团化的道路，尽快形成若干有较强实力的广播影视传媒集团和全国性的广播影视网，真正把事业搞强搞大，这样才能迎接国内其他媒体的挑战和竞争，才能抵御国外传媒集团的"侵入"，也才能打出去参与国际竞争。在总体设想方面，他认为要"着手组建中央一级和省一级的广播影视集团。这些集团要做到广播、电影、电视三位一体，有线、无线、教育三台联合，省、市、县三级贯通，资源共享、人才共用、优势互补，宣传、创作、经营、技术全面推进，宣传能力大大提高，经济实力大大增强，事业发展大大拓展"。这次会议的召开，为我国广播电视集团化改革拉开了序幕。

2000年8月，经过国家广播电视总局的批准，我国第一家省级广播影视集团——湖南广播影视集团正式成立。此后，山东、北京、上海等地也纷纷成立了广播电视集团。至此，我国广播电视集团化改革初具规模。

2001年，中共中央办公室颁发的《中国中央办公厅、国务院办公厅关于转发〈中央宣传部、国家广电总局、新闻出版总署关于深化新闻出版广播影视业改革的若干意见〉》（以下简称《意见》）提出"以结构调整为主线推进改革""积极推进集团化建设，把集团做大做强""组建若干大型报业集团、出版集团、发行集团、广电集团、电影集团"等重点改革任务，明确"广电集团属于事业性质，可分别由中央、省级和有相当实力的省会城市、计划单列市广电部门负责组建，其他市（地）一级不单独组建集团"，指出"广电集团要以广播电台、电视台、电影制片厂（公司）、互联网站和传输网络公司为主体，实现广播、电影、电视三位一体，有线、无线两台合并，省、市、县三级贯通"。此后，国家广播电视总局根据《意见》精神，围绕积极推进广播电视集团化改革制定并推出了一系列配套政策和实施办法，其中主要有《国家广播电影电视总局关于积极推进广播影视集团化改革的实施细则（试行）》《国家广播电影电视总局关于广播影视集团实行多媒体兼营和跨地区经营的实施细则(试行)》等22个部门规章或规范性文件。《意见》与国家广播电视总局各项配套政策措施的出台，在极大程度上排除了广播电视集团化改革的政策和体制障碍，使得广播电视集团化改革迅速向前推进。

2001年9月到2005年7月，经国家广电总局批准，天津广播电视电影集团、宁波广播电视集团、福建广播影视集团、杭州广播电视集团、深圳广播电影电视集团等12家广播电视集团相继成立。除此之外，还成立了一批只由地方党委、政府批准成立的广播电视集团，其中包括黑龙江省牡丹江新闻传媒集团、宁夏广播电视总台、浙江省温州市广播电视总台等。

二、广播电视行政管理体制改革

随着改革开放以及文化体制改革的不断深入，我国广播电视行政管理体制改革也处于积极探索的状态，以加快中介社会服务体系、政府监管体系、市场运营体系以及广播电视公共服务体系四位一体的新型广播电视体制框架的形成。

在外部环境发生较大变化以及社会主义市场经济体制得以确立的情况下，原来那种局台合一，政事不分、管办不分的广播电视行政管理体制已无法适用。对此，《意见》对深化新闻出版广播影视业改革提出了一定的要求，即"探索建立新形势下保证党委领导，调控适度、运行有序、促进发展的宏观管理体制。中央和省、自治区、直辖市两级调控，党委统一领导，政府有关部门监督管理，行业管理和属地管理相互配合，主管主办单位职责明确。综合运用法律、经济、行政等手段，对导向、总量、布局、结构、质量和效益实行宏观调控"。2005年，中共中央、国务院《关于深化文化体制改革的若干意见》进一步提出："明确文化行政管理部门职责，理顺文化行政管理部门与所属文化企事业单位的关系，推进政企分开、政资分开、政事分开、政府与市场中介组织分开，强化政策调节、市场监管、社会管理和公共服务职能，实现由办文化为主向管文化为主转变。推进依法行政，改进管理方式，创新管理手段，实现主要以行政手段为主向综合运用法律、经济、行政等手段管理转变。"这些文件所提出的各项政策与指导性意见为我国广播电视行政管理体制改革指明了方向。

作为我国主管广播影视行业的行政部门，国家广播电视总局贯彻上述文件精神，在强化公共服务、完善管理方式、转变管理职能等方面进行了一系列的积极探索。

其一，对监管工作进行改进、强化，即打破原来单一的监管方式，采用科技、法律、经济、行政等手段实现多种形式的有效监管。通过对各种违法违规行为进行纠正、处罚，保证广播电视行业的正常运行。通过建立、完善广播电视传输效果监测、广播电视节目收听收看监管等制度，进一步落实对广播电视行业的科学监管。

其二，对直播卫星工程、无线覆盖工程、"村村通"工程等重点工程加强监督、管理，积极推进公共服务均等化与农村广播电视公共服务体系建设的进程，充分发挥政府的公共服务职能。

其三，对自身的各项职能做出一定的调整。在国家行政体制改革的过程中，国家广播电视总局积极配合中央编制部门，修订"三定方案"，对"管"和"办"两大职能的比例进行了优化、调节；将总局总编室调整为宣传管理司，将社会管理司调整为网络视听节目管理司与传媒机构管理司，将计划财务司调整为规划财务司，将法规司从办公厅脱离出来。与此同时，这些部门的职能也发生了一定的变化，具体表现为强化"管"的职能，将"办"的职能转移给事业单位。

其四，强化法治建设。在广播电视行政管理体制改革期间，各种法律法规、审批项目都得到了清理与调整，其间废止或修订了一批与法律不符、不适应的部门规章与规范性文件，取消或调整了部分审批项目，还按照相关法律法规订立了新媒体视听节目服务管理、电视剧审查备案、影视制作经营管理、播出机构规范管理等方面的一系列规范性文件与规章制度，为依法行政提供了重要依据。

其五，为了进一步加强宏观政策的研究、制定以及指导，国家广播电视总局专门成立了总局发展研究中心与总局改革办公室；在坚持党的方针与决策部署的前提下，充分结合我国广播电视的实际发展情况，陆续出台了与广播电视体制改革、队伍建设、产业发展、公共服务、宣传导向等相关的方案、规划、政策，有效推动了我国广播电视的持续健康发展。

此外，我国各省、直辖市、自治区的广播电视行政管理部门也围绕以上几个方面展开了积极、深入的探索，并取得了一定的成效。

2001年，各省、自治区、直辖市先后成立了广电集团，除了个别情况之外，所有省级广电局都要实行政事、政企、管办分开，内部实行机构、资产、人事、财务分离，广电集团（总台）与广电局的领导层之间不互相兼职，广电局从主要管理直属单位转变为面向行业与社会管理，其职能从"管""办"转变为单一的"管"，全面履行公共服务、社会管理、市场监督以及政策调节的职能。而那些没有成立广电集团（总台）的省、自治区、直辖市也都从不同程度上执行了政事、政企、管办分开的政策，强化对广播电视产业的监督与引导，大力推进本地广播电视事业的发展。部分省级广播电视行政部门在探索过程中还取得了良好的效果。以浙江省广电局为例，其在党和政府的领导下，积极转变管理观念与方式，大胆尝试新途径，采用"进足退够"策略对广播电视的管理、服务进行了重新定位，这一策略也得到了国家广电总局的认可和推广。截止到2010年底，我国的各省、自治区、直辖市基本上都实现了"三分开""两转变"的目标。此次改革使得广播电视行政管理得到了显著改善。

2013年，国家广播电影电视总局与国家新闻出版总署合并，组建国家新闻出版广播电影电视总局，后更名为"国家新闻出版广电总局"。

2018年3月13日，十三届全国人大一次会议审议国务院机构改革方案，组建国家广播电视总局，作为国务院直属机构，不再保留国家新闻出版广电总局。国家新闻出版广电总局被裁撤为三个独立部门：国家广播电视总局、国家新闻出版署（国家版权局）、国家电影局。新闻出版和电影统一由中央宣传部进行管理。

第二节　广播电视制播机构改革

一、制播分离改革

（一）制播分离的定义

制播分离起源于英国的电视台，它指的是电视节目的制作与播出由不同的单位负责。在制播分离的体制下，电视台只需将工作重心放在节目的编排、播出上，而将制作节目的任务转交给社会上专门负责电视节目制作的公司。

制播分离主要有两种形式，即台内分离与台外分离。台内分离是指对现有的电视栏目进行公开招标，并给予中标人充分的管理权限。台外分离是指电视台通过市场化的形式与社会上的制作机构进行合作。制播分离改革是促进节目制作集约化、规模化发展以及实现节目品牌化的重要途径。

（二）我国的制播分离改革

在我国，传统广播电视媒体长时间实行制播合一体制，其主要特点在于自给自足、自产自销、自制自播。随着社会的发展，这种体制的弊端日益凸显，如节目质量与制作水平十分有限、制作机构臃肿、冗员较多、投入较大、成本较高等；再加上人们精神文化需求的提升、社会主义市场经济带来的巨大压力，使得这种作坊式、封闭式的体制很难适应广播电视行业的发展。因此，实施制播改革是非常有必要的。当社会经济与广播电视媒体发展到一定程度时，便具备了推行制播改革的条件。但由于我国国情较为复杂，制播改革在我国的发展过程也相对曲折。

制播分离这一概念于20世纪90年代进入我国广电系统，经济条件较好的地区的电台、电视台开始对制播分离展开积极探索。例如，北京电视台等地方电视台建立了电视剧制作中心，在内部实施电视剧制作的制播分离。中央电视台、中国国际广播电台等将竞争机制引入体育、动画、音乐等节目的制作过程，从而更好地探索制播分离的形式。此外，广播电视媒体还吸纳了部分由节目制作公司制作的专题性、娱乐性节目，并将其融入部分节目的运营过程。这些措施都在一定程度上促进了广播电视的制播分离。

2000年，在三年调研与可行性论证的基础上，中央电视台开始了制播分离改革尝试。但国家广播电视总局对此有着不同的看法，即电视节目的制作权、播出权、覆盖权、经营权、宣传权不能分离，如果分离，党的方针、政策便得不到有效宣传、贯彻，舆论导向就得不到有效保证。因此，广播电视制播分离改革一度不再作为国家广播电视总局推行的改革政策。

事实上，委托社会上的公司制作、台控公司制作、台内制作、从节目市场购买这四种节目的来源方式是可以实现统一的，关键在于牢牢把握频道/频率的规划权、播出权以及节目终审权，这样便能有效规避风险。推行制播分离并不代表放弃宣传权，而是在掌握以上几项权利的基础上，革除弊端，尽最大努力满足人民群众的精神文化需求，让广播电视节目质量更高，内容更加多样化。

虽然制播分离改革被暂时搁置，但我国广电系统仍然没有放弃对制播分离的实践探索。2003年，中央组织推动的文化体制改革试点工作将发展公益性文化事业与经营性文化产业作为改革的重要方向。2004年，国家广播电视总局提出了制播分离改革的思路与途径。2006年，发展文化产业上升为国家层面的发展战略。在这种背景下，广播电视制播分离改革又重新进入人们的视野，并成为文化体制改革与广播电视体制改革的重要内容。2009年，国家广电总局对制播分离改革的范围、方式以及总体要求进行了明确。中央在这几年间所做出的关于发展文化产业、推动文化体制改革的决策与部署，对包括制播分离改革在内的广播电视体制改革起到了巨大的推动作用。

制播分离改革在此阶段呈现出了百家争鸣的局面。中央人民广播电台、北京广播电视台、中央电视台、北京电视台、天津广播电视电影集团、上海文广新闻传媒集团、重庆广播电视总台、湖北广播电视总台、湖南广播影视集团等广电媒体都结合自身情况，通过不同途径、手段，对广播电视制播分离改革进行了积极探索，并取得了一定的成果。其采取的手段主要包含以下几种：

第一，实行台内集中供给式的制播分离。例如，北京广播电视台打破了原本的部门分工，在电视台内部设置节目制作中心，除了新闻类节目之外，其余所有节目的策划、制作、发行、销售等均由节目制作中心负责。

第二，开辟多渠道节目源，形成多元化节目供给链。采取这种方式的电台、电视台的节目既可以通过自行制作获得，也可以通过从市场采购，委托其他制作公司制作或与外部机构联合的形式获得。例如，中央电视台、北京电视台、安徽电视台、浙江电视台、江苏电视台等常采用合作的方式来制作、播出大型电视剧，不仅大大降低了投入成本，而且使得节目内容变得更加丰富。

第三，依托那些非新闻类的品牌与频道/频率资源，成立台属台控的产业发展公司与节目制作公司，开展节目制作及相关业务。这类公司的服务范围不局限于本台，还能为节目市场提供节目交易或多媒体服务。以中央电视台为例，它依托体育频道成立了中视体育推广公司，不仅为频道提供了大量优质栏目，而且充分利用各种赛事资源大力发展相关业务。再如，上海文广新闻传媒集团，它将东方广播电台财经频率与上海电视台财经频道整合在了一起，并以此为依托成立了第一财经传媒有限公司。此外，它还与报业集团联合，共同打造了第一财经品牌与产业链，逐步形成了涵盖网络、报纸、广播、电视的多媒体运营平台。除此之外，河北电视台将农民频道定为改革单位，组建了节目制作公司，并在台内实行市场化管理、双效益考核、全成本核算，将那些可分离的节目纳入公司运行，实现了节目、资产与人员三者之间的分离。

以上对广播电视制播分离改革的探索，都在不同程度上对广播电视行业起到了良好的示范作用，并在一定范围内消除了原有模式的弊端，提升了节目的质量、降低了生产成本，推动了广播电视产业的发展，同时培养出了一批具备节目制作、运营能力的专业人才。

自 2012 年以来，我国广播电视业始终处于改革阶段。在此期间，国家也陆续颁布了许多相关规定，并对各大频率/频道黄金时间段节目的播出方式进行了调整，大力支持精品节目的制作生产，为广播电视业营造了积极健康的发展环境。

随着互联网的不断发展，广播电视业也迎来了新的制播方式，即由开始的先在电视台播出，再进行网络播出，转变为"网台同步""先网后台"。同时，台网关系的深度融合也催生出了许多新的商业模式。

（三）制播分离改革对我国广播电视业的影响

制播分离改革对我国广播电视业的影响主要体现在以下几个方面。

1. 管理成本下降，自主权增强

广播电视业实施制播分离体制时，会出现业务管理人员增多，行政管理人员减少的情况，同时管理内容也会由"管人"转变为"管事"，这便使得管理成本大幅下降。此外制片人制与频率/频道制将取代行政制，管理结构趋向扁平化，权力更加分散，经营管理的自主权得到增强。

2. 管理方式转变

管理方式的转变主要表现在从封闭变为开放。当广播电视节目的制作与播出分离之后，管理者的审查沟通工作会增多，直接管理工作会减少，而广播电视媒体的管理也需要增加节目宏观管理的比重，相关人员要同时负责节目的审查、生产以及效益等方面的管理工作。此外，广播电视业也将持续拓展节目的合作领域，从封闭走向开放。

3. 分配机制转变

在制播分离体制下，节目的质量将成为对广播电视收入分配影响最大的因素。职称、工龄、级别等因素的影响将逐渐弱化，取而代之的是产品质量以及人员的工作态度、工作水平和业务能力。

4. 体制变化

1970—1980年，制播分离体制改革加强了市场机制与广播电视业的结合，使民营企业得到了较好的发展。2003年，国家广电总局首次为八家民营企业颁发了电视剧制作许可证（甲种）。在此时期，大部分电视剧都是由民营企业负责制作和生产的，由此我们也可以看出当时我国电视剧制播分离的程度。

二、广播电视媒体的整合与深度融合

媒体整合是广播电视产业改革的重要内容，主要包括传统广播电视媒体与新媒体的整合、广播电台与电视台的整合。在文化体制改革的新形势下，国家广电总局将促进媒体整合作为广播电视体制改革的重点，大力支持主流媒体开办新媒体。这种形式不仅能弱化广播与电视之间的壁垒，充分发挥传统广播电视媒体的资源优势，打造新型内部运行机制，而且能促进传统广播电视媒体与新媒体的融合，形成新的传播机制与传媒体系。

国家广电总局于2000年至2001年期间，统一部署实施全国各级有线电视台与无线电视台合并，对有线、无线电视资源进行整合，进一步扩大电视产业的发展空间。在广播电台与电视台的整合中，最重要的莫过于"中央三台"的合并（中央人民广播电台、中国国际广播电台、中央电视台）。它们的合并象征着我国广播电台与电视台的整合已接近尾声，因为此前已有多个省、自治区、直辖市的广播电台与电视台完成了整合，具体见表3-1。

表3-1　21世纪我国整合组建的新广播电视媒体

名　称	挂牌时间	原电台、电视台	特　性
重庆广播电视集团	2004年11月	重庆经济广播电台、重庆人民广播电台、重庆音乐广播电台、重庆交通广播电台、重庆电视台、重庆教育广播电台、重庆都市广播电台、北京广播学院重庆函授站、重庆音像资料馆	下辖重庆广播电视技术中心、重庆广播电视报社、重庆音像出版社等直属事业单位
北京广播电视台	2010年5月	北京电视台、北京人民广播电台、北京北广传媒集团	北京广播电视台是北京市委、市政府直属事业单位。整合后，北京广播电视台业务范围更加广泛，涵盖了广播电视的采编、制作、播放、传输及新媒体开发等领域，产业链也更加完整
山东广播电视台	2010年7月	山东省有线电视中心、山东电视台、山东人民广播电台	山东广播电视台是山东省广播电影电视局依法设立的正厅级播出机构，目前拥有8个广播频道、9个电视频道，已经形成了涵盖PC端（齐鲁网）、地面数字电视、交互式网络电视（IPTV）、互联网电视、移动端（闪电新闻客户端）等平台的"五位一体、三屏融合"的融媒传播格局

续 表

名 称	挂牌时间	原电台、电视台	特 性
陕西广播电视台	2011年8月	陕西人民广播电台、陕西电视台	陕西广播电视台是陕西省政府直属正厅级事业单位，受原陕西省广播电影电视局行政管理。它集杂志、报纸、电视、广播、网络、新媒体等多种业务于一体，拥有2个卫星频道、1个网络广播电视台，办有10套广播节目、10套电视节目
天津广播电视台	2011年12月	天津电视台、天津人民广播电台、原天津广播电视电影集团	天津广播电视台拥有9套电视频道、10套广播频率以及天津IPTV、北方网等新媒体端
江西广播电视台	2012年6月	江西电视台与江西人民广播电台	江西广播电视台是江西省委、江西省人民政府直属正厅级事业单位。它涵盖了广播电视、产业开发、无线覆盖、有线传输、报纸杂志以及网络媒体等诸多业务，集节目制作、传输、经营、宣传等于一体，形成了多产业、全流程、全媒体的发展格局
广东广播电视台	2014年4月	广东电视台、原南方广播影视传媒集团、南方电视台、广东人民广播电台	广东广播电视台拥有新闻频道、卫星电视频道、公共频道、珠江频道、体育频道、粤语频道、珠江电影频道、少儿频道、综艺频道等
河北广播电视台	2016年4月	河北人民广播电台、河北电视台等	河北广播电视台拥有8套电视节目和9套广播节目，节目内容涵盖新闻、交通、经济、生活、娱乐、科技等诸多领域

续表

名　称	挂牌时间	原电台、电视台	特　性
辽宁广播电视台	2018年7月	原辽宁人民广播电台、辽宁教育电视台、辽宁电视台	辽宁广播电视台拥有1套综合卫星电视频道、9套省内地面电视频道、9套广播频率、18套省内数字视频点播电视节目、10套数字音乐节目以及5套向全国传送的数字付费电视节目。它承担着组织新闻报道、制作播出广播电视精品等职能
吉林广播电视台	2018年10月	原吉林人民广播电台、吉林电视台	吉林广播电视台是吉林省政府直属正厅级事业单位。它拥有2套卫星电视频道（代管延边卫视）、7套地面电视频道、2套专业数字电视频道以及吉林电视网、吉林广播网等网络媒体

如今，我国各省、自治区、直辖市的广播电台与电视台从形式上基本整合完毕，县（市）级广播电台与电视台已全部实现合并。

在传统广播电视媒体开办新媒体方面，中央人民广播电台、中国国际广播电台、中央电视台起到了带头作用，相继开办了手机广播电视、网络广播电视等新媒体业务。同时，中国广播网、国际在线（由中央广播电视总台主办的国家重点新闻网站）的影响力不断扩大，以央视网为基础扩建的中国网络电视台开办了多种新媒体业务，成为影响力较大的传播新媒体。至此，传统广播电视媒体与新媒体融合发展的新格局已初步形成。

随着我国各级广播、电视媒介的整合与发展，目前，各级主流媒体已经发展到了深度融合的阶段，即从"合而为一"转变为"融为一体"。新型主流媒体建设已成为广播电视媒体提升自身造血功能、拓展产业经营新路径的重要内容。它不仅是新时代我国主流媒体转型发展的必然要求，而且是媒体深度融合的主要目标。在新型主流媒体建设的过程中，除了有各种法律法规的保驾护航，还有行业管理部门的指导规划。国家广播电视总局长期开展全国广播电视媒体融合先导单位、典型案例征集和评选活动，旨在发挥示范作用，找到实施全媒体传播工程的有效途径，推动新型主流媒体建设的进程。除此之外，国家广播电视总局还积极组织全国地市级以上广播电视媒体制订并修改完善《关于加快推进广播电视媒体深度融合发展的意见》，对广播电视媒体融合发展的时间、任务以及路线进行明确。在这样的背景下，各个省、市、县级广播电视机构从政策支持、体制改革、内容生产、资金保障、平台建设等方面，建立健全媒体传播体系，以此促进新型主流媒体建设与高质量发展目标的实现。

三、市（地）、县（市）广播电视播出机构职能转变

市（地）、县（市）广播电视播出机构职能转变也是广播电视制播机构改革中不可或缺的一部分。2001年，原国家广播电影电视总局颁发了《关于市（地）、县（市）广播电视播出机构职能转变工作的实施细则（试行）》，提出了市（地）、县（市）广播电视播出机构职能转变的任务：其一，对县（市）、乡镇广播电视进行集中管理并建立相应的垂直管理模式；其二，实现省、市、县广播电视覆盖网络的垂直贯通，实施统一管理、统一经营；其三，对市（地）电视台的节目数量与频道的播出时间段进行调整。此次改革实施在治理广播电视播出内容、提升其节目制作水平、促进其条件改善等方面取得了一定的成效。据统计，此次改革中有27个省、自治区、直辖市对本县（市）的电视频道进行了压缩；26个省级电视公共频道全部开播，部分县（市）也开播了电视公共频道，这些频道都为县（市）电视节目插播预留了时段；16个市（地）教育电视台与行政电视台合并。

此后，原国家广播电影电视总局与教育部联合，于2002年印发了《教育部、国家广播电影电视总局关于推进市（地）、县（市）教育电视播出机构职能转变工作的意见》，规定了市（地）级教育电视台必须达到的条件。那些无法达到规定条件的电视台需要与同级电视台进行合并，并在同级电视台开办教育频道；县（市）级教育电视台要取消呼号与自办节目频道，在完成资源整合后组建县"远程教育中心"或"教育信息中心"。这项改革于2006年基本完成，它的实施对教育电视台合理化、规范化发展有着非常重要的影响。

第三节　广播电视内部体制改革与经营性单位转企改制

一、广播电视内部体制改革

内部体制改革是广播电视体制改革的重要内容，集中表现为各级广播电台、电视台所推行的频道频率制改革以及社会保障、收入分配以及劳动人事三项制度的改革。

（一）频道频率制改革

作为国家赋予广播电台、电视台的核心资源，频道频率具有较强的稀缺性与垄断性。在社会主义市场经济体制下，随着社会主义文化的不断发展，实现频道频率资源的合理配置、获得理想的经济效益与社会效益、最大限度地满足人民的精神文化需求逐渐成为各级广播电台、电视台追求的目标。

频道频率制改革指的是广播电台与电视台的宣传业务部门以频道频率为单位而进行的内部结构重组，其主要内容包括频道频率的科学定位与分工，人力、财力、物力的配置，各种政策制度的实施以及内部机构与运行机制的调整等。为了使频道频率制改革取得更好的成效，我国各级电台、电视台纷纷立足自身的实际情况，采取不同的途径与措施。下面将通过几个实例进一步阐述我国频道频率制改革所取得的成果。

1. 中央电视台

自 2000 年起，中央电视台在戏曲频道、经济频道、西部频道以及英语频道开展了频道制试点，之后又在少儿频道、体育频道进行了频道制试点。21 世纪初，中央电视台宣传业务始终实行"频道制"与"中心制"并存的体制，但随着媒体市场竞争的日益激烈，这种业务体制的弊端逐渐显现出来。对此，中央电视台于 2010 年开始了新的频道制改革。新一轮改革的主要内容为：以节目生产为核心，以提升品牌价值和市场竞争力为目标明确频道的定位与管理主体，调整频道管理模式，降低成本，提升节目质量，增强传播能力，力求取得最大化的经济效益与社会效益。具体措施如下：第一，对全台宣传业务体系的组织管理结构进行调整。在此系统中建立 17 个管理主体，其中每个主体都需要承担不同的责任。第二，对频道布局与管理模式进行重新规划。在台内原有的 11 个频道中推行频道制，取消相关中心与节目部，设立 11 个频道管理责任主体，实施频道总监负责制；第三，创新干部选拔任用制度。在台内开展分轮、分层次的竞争上岗，打破身份界限，大胆起用优秀人才。第四，整合、综合利用资源。建立发展研究中心、广告经营管理中心、大型节目制作中心、海外传播发展中心，对全台资源进行整合、开发、利用、管理。这项改革推动了中央电视台宣传业务体制从"中心制"到"频道制"的转变进程，确立了频道的主体地位，强化了其应对受众市场变化与内部资源整合的能力，提升了员工的工作积极性，使节目产生了更好的经济效益与社会效益。

2. 中央人民广播电台

自 2002 年起，中央人民广播电台为了更好地应对媒体间日趋激烈的竞争与多元化的发展形势，全面启动了以"频率专业化、管理频率化"为核心的改革。具体措施如下：充分结合原有节目的设置背景与任务，遵循服务专业化、对象细分化、内容专业化的原则，为每个频率明确发展方向、受众群体，推出了《中华之声》《中国之声》《经济之声》《都市之声》《民族之声》《音乐之声》等 8 个专业化频率，创办了第九套节目——《文艺之声》，基本形成了以专业化广播频率为核心的节目体系；在运行机制改革方面，建立了以管理频率化为核心的科学管理体系，即将频率作为运作单位，实施目标责任制与频率总监负责制；频道单位内部按需设岗、按岗分配、按岗定人，实行竞争上岗；频道内部的分配权、人事权、财务权都掌握在总监手中，实现权责统一。在国家广播电视总局的大力支持下，中央人民广播电台还实施了"503 工程"，建立了以调频覆盖为主的节目覆盖体系，在极大程度上扩大了广播电台节目的覆盖范围、提升了覆盖效果。此次改革不仅使中央人民广播电台在经营、人事、技术、宣传等方面实现了进一步发展，而且使其节目的收听率持续上升，营业收入大幅增加，节目质量与制作水平不断提升。同时，中央人民广播电台的这项改革也为其他台树立了更好的榜样，有效推动了我国广播改革的进程。

3. 浙江广播电视集团

自从 2003 年被中央确定为文化体制改革综合试点之后，浙江广播电视集团不断整合资源，深化改革，提升自身市场竞争力，进而取得了良好的经济效益与社会效益。在深化改革的过程中，浙江广播电视集团重点实施了产业资源整合重组、节目资源整合重组、公共资源整合重组以及频道频率资源整合重组。其中，频道频率整合重组包括以下内容：取消原来的两台法人管理体制，统归法人集团主体；将浙江教育电视台、浙江有线电视台、浙江电视台合并在一起，由集团负责统一管理；对原有的频道、频率进行专业化分工，将上星频道频率作为主体，其他频道频率按照受众需求进行整合，实施集团与频道、频率两级管理体制。除此之外，浙江广播电视集团还对各个频道频率进行了统一包装，塑造统一形象；利用品牌战略与精品工程来强化频道频率宣传的实效性与针对性；借助各个频道频率对重要活动的同步转播来提升自身的协调能力。各个频道频率都以受众需求、自身定位为立足点，通过强化竞争力、抓重点等方式塑造自身传播的优势与特点。

4.山西广电总台

2018年，山西广播电视台推行的频道频率总监负责制改革取得了显著成效，集中体现在以下几个方面：其一，激活了广告增长。6套广播频率共计创新改版了《人物周刊》《直播现场》等28档新栏目。2018年9月，山西广播电视台广告收入达到了2.5亿元，同比上年增长了25.4%。其二，激活了节目创新。一系列新节目陆续播出。其三，激活了生产要素。包括总监、制片人在内的频道频率全体干部职工的工作积极性有了显著提高。

（二）三项制度改革

在广播电台、电视台内部，三项制度改革原本指的是分配、人事、劳动三个方面的制度改革，后来随着国家相关制度的不断规范与改革，逐渐变成社会保障、收入分配以及劳动人事三项制度的改革，如图3-1所示。

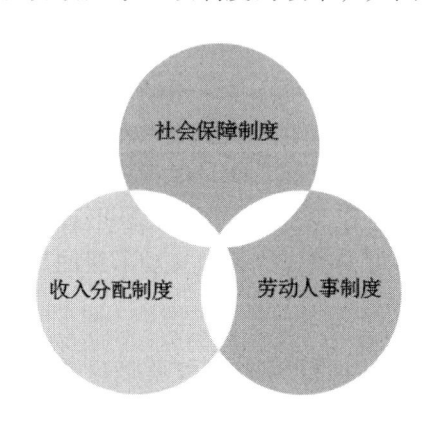

图3-1 我国广电系统的三项制度改革

1.三项制度改革的内容

（1）社会保障制度改革。各级广播电台、电视台为了更好地改善团队结构、适应广播电视事业的发展，吸纳了一大批编外专业人才，因此需要按照《中华人民共和国劳动合同法》中的相关规定，对聘用人员实行社会保障制度。解决这些人员的社会保障问题也成了广播电视系统三项改革的重要内容。通过多年的努力，如今各级广播电台、电视台对广大编外人员实行五险一金的社会保障制度，以此保证人才的合理流动。

（2）收入分配制度改革。各级广播电台、电视台通过对内部收入分配办法进行改革，建立以岗位工资为主、多种分配方式并存的符合广播电视特点的分配制度，如按业绩定酬、按岗定酬、按任务定酬等；结合不同岗位的特性，制定相应的管理措施与岗位补贴，内部收入分配向艰苦岗位、优秀人才、业务骨干倾斜；支持将单位创收的一部分经费投入职工收入分配，制定内部收入分配管理办法，实施量化考核，建立多种分配机制。

（3）劳动人事制度改革。在劳动人事方面，各级广播电台、电视台推行全员聘用制，形成富有活力的用人机制；按照国家的相关规定，与劳动者签订劳动合同，明确双方的关系、责任、义务、权利；无论是建立还是延续聘用关系，都以岗位与职工的双向需求为前提，以岗位职责、业绩考核为依据；针对岗位的特殊性，制定不同的岗位管理办法，实现岗位聘用与专业技术职务聘用的统一；进一步强化岗位聘后管理，建立健全岗位考核制度，在奖惩、分配、续聘、解聘时将考核结果作为重要依据。

在各级广播电台、电视台的积极推行下，这三项制度改革取得了一定的成果，如推动了广播电视事业与产业的快速发展，提升了广大干部职工的创造性与积极性，使各级广播电台、电视台积累了改革经验。

2. 各级广播电台、电视台三项制度改革的成果

（1）中央人民广播电台。中央人民广播电台实施了与"频率专业化、管理频率化"改革相匹配的分配制度、人事制度，创新并建立了新的人力资源管理机制与制度；实行全员聘用制度，与职工签订聘用合同，按照具体需求设置岗位，按照岗位招聘人才，实行竞争上岗、按岗分配；对内实行总监负责制与新的财务管理、人事、收入分配制度，按照节目设置岗位、聘用人才、选用干部；对外实行公司化管理，明确企聘用工制度，制定并实施编外人员的聘用与薪酬标准；对分配制度进行改革，强化绩效考核，坚持按劳分配、按岗取酬，建立科学合理的奖惩机制。

（2）中央电视台。中央电视台通过实行全员聘用制，逐渐从身份管理发展为岗位管理；深入研究、分析分配制度，建立激励机制，为具有杰出贡献的

员工发放津贴；不断深化资金管理、主持人与播音员管理、制片人管理以及编外工作者管理；对栏目制片人实施竞争上岗，对编外工作者实施规范化管理，对应聘的大学生实施企业聘用制度；在评优晋级、干部选拔方面，对所有员工一视同仁，打破原本的台聘、企聘屏障；结合频道制改革，进行范围较广、规模较大的人事制度改革。

（3）中国国际广播电台。在实行三项制度改革的基础上，中国国际广播电台采取了定编、定岗、竞争上岗等一系列人事制度改革措施，还对职能部门岗位管理进行了改革；在选用外聘人员方面，实施企聘制度，从保险、工资等方面积极维护编外人员的合法权益；在应届高校毕业生选用方面，采用先编外再择优录取的方式，广泛吸纳优秀人才；制定、实施全台岗位设置与管理办法，实行节目听评考核制度、人力成本核算制度和岗位绩效工资制度，形成合理、规范的分配、劳动、人事机制。

（4）地方广播电视媒体。除了以上三大电台、电视台，我国各地方广播电视媒体也在三项制度改革方面做出了很大的努力。例如，南京广播电视集团在积极推进三项制度改革的同时，不断对内部管理制度进行创新：在社会保障制度改革方面，按照相关规定为编内与编外人员缴纳保险；在收入分配制度改革方面，以效率和公平为原则，实施协议薪酬、项目分配、业绩考核等制度；在劳动人事制度改革方面，逐步改变劳动用工方式与干部人事制度，建立并完善动态管理机制，实施全员聘用合同制度，中层职工采用竞争上岗的形式，普通职工采用双向选择的形式。

再如，甘肃省广播电视总台以增强活力、强化职责、创新模式为目标，积极推动干部人事改革。具体措施如下：在台内设置21个岗位，对岗位干部实施公开竞聘、岗位交流；大力推进目标承诺制度，要求干部结合具体的工作情况，制定聘任期内的任务与责任目标，并接受相应的考核管理，没有完成目标的人由组织解聘或自行递交辞呈；促进干部团队年轻化，规定达到一定年龄的干部原则上不再担任领导职务，但享受原本的待遇。

又如，上海文广新闻传媒集团在人才生成机制方面进行了创新，形成了新型的融岗位、薪酬、绩效、培训为一体的人才生成体系。具体措施如下：创新薪酬体系，推行同岗、同责、同风险、同业绩、同薪酬，岗变、责变、风险变、业绩变、薪酬变，强调薪酬模式多元化，增加薪酬制度的弹性，浮动部分按照绩效考核结果执行；重构绩效管理体系，在绩效考核方面坚持标准化、书面化、专业化，将个人收入、岗位调整等与培训发展相挂钩；重构岗位体系，明确岗位职责，确立合理的聘任程序，实行核心岗位民主推荐、集团党委讨论决定，重要岗位公开招聘，普通岗位双向选择、竞聘上岗制度，在机制层面提升集团的人力资源管理效率。

尽管我国广播电视业在这三项制度改革方面已经取得了一定的成果，但随着广播电视事业的不断发展，这三项改革定将得到更加深入的推进。

二、经营性单位转企改制

中央在部署文化体制改革方针、政策的过程中，将文化企事业单位改革划分为两部分，即公益性文化事业单位改革与经营性文化企业单位改革，并要求广播电视业在改革过程中遵循以下原则：第一，坚持党的领导，坚持正确的舆论导向，始终保持党和人民的喉舌性质；第二，大力推动社会保障、收入分配、劳动人事制度的改革，积极推行岗位管理制度与全员聘用制度，建立合理的激励、约束制度，加强队伍建设；第三，实施国有事业体制，整合内部资源，深化内部改革，转变经营机制，节约成本，提升企业活力。国家广播电视总局在中央的引导下，出台了一系列指导意见，使得广播电视业体制改革不断深入。

在广播电视业的改革发展过程中，促进经营性单位转企改制，塑造合格的广播电视市场主体，不仅是中央关于文化体制改革的要求，而且是提升广播电视业自身实力的重要内容。

2003年，中发21号文件提出要将国有经营性文化单位作为重点，对经营性文化产业进行企业改制。

2005年，《中共中央、国务院关于深化文化体制改革的若干意见》结合现有文化单位的功能与性质，对各类经营性单位转企改制提出了不同的改革要求，即"一般出版单位""电视剧制作单位""行业组织所属事业编制的影视制作和销售单位"逐步转制为企业。

2006年，原国家广播电影电视总局制定并实施了《广播影视体制改革工作实施方案》，其中明确提出电台、电视台中的传输网络部分，影视剧节目制作销售单位，广播影视报刊出版单位和一般广播影视艺术院团，可从事业体制中剥离出来，转制为企业。

2018年，为了深化文化体制改革，《国务院关于印发文化体制改革中经营性文化事业单位转制为企业和进一步支持文化企业发展两个规定的通知》对经营性文化事业单位转制做出了更加具体的规定。在公司制、股份制改革方面，转制为企业的经营性文化事业单位，需要按照相关法律法规登记为有限公司或股份有限公司；建立合理且灵活的市场化经营机制；完善法人治理结构，推进国有文化企业内部资源整合。在国有文化资产管理方面，要依法落实债权债务，建立健全党委与政府监督国有文化资产的管理机构，定期向国家报告生产经营情况、财务情况以及国有资产的社会效益、保值增值情况，建立健全文化企业国有资本经营预算制度等。在社会保障方面，转制成功后的企业按照企业办法参加社会保险；各分支机构人员转制后按规定纳入当地社会保障体系；离休人员可按照现行办法对其实行社会保障制度，也可对其医药费进行单独统筹；转制前的退休人员可在基本医疗保险的基础上，享受国家公务员医疗补助。在收入分配方面，按照企业的收入分配制度执行，健全国有文化企业负责人薪酬管理机制。

2019年，国家广播电视总局发布了《关于推动广播电视和网络视听产业高质量发展的意见》的通知。该通知明确指出，要推进国有广播电视企业公司制改革与股份制改造，在允许社会资本进入的范围内，支持国有资本和民营资本的资源整合和交叉持股，探索推动混合所有制改革试点；支持已上市企业做强做大，鼓励上市企业发挥各自优势，积极稳妥地开展跨地区、跨行业、跨所有制并购重组，着力打造综合性产业集团，加快组建全国性有线电视网络股份公司。

在上述政策的引导下，我国广播电视系统加快了经营性单位转企改制的步伐，并取得了一定的进展。下面将列举其中两个比较有代表性的案例。

（一）中央电视台经营性单位的转企改制

中央电视台经营性单位的转企改制主要包含以下内容，如图3-2所示。

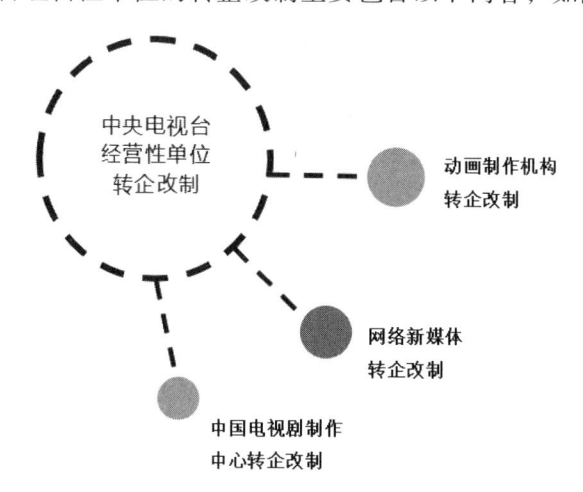

图3-2 中央电视台经营性单位转企改制的主要内容

1. 动画制作机构转企改制

中央电视台将青少年节目中心动画片部转制为央视动画公司。这一举措的主要目的在于使节目的生产与播出朝着多媒体、多渠道的方向发展，让该公司成为真正意义上的市场主体。在多年的坚持、努力下，现在该公司已经形成了现代企业法人治理结构，实现了企业管理，并通过资源整合等一系列举措完成了深层次、全方位的产业升级，成为集动画版权管理与开发、新型媒体业务、动画原创生产为一体的央视动漫集团有限公司。

2. 网络新媒体转企改制

中央电视台通过成立央视国际网络有限公司，对网络新媒体平台实行事业单位转企改制，随后又在此基础上建立了中国网络电视台。如今，中国网络电视台已建立了移动电视、互联网电视、IP电视、网络电视、手机电视五大集成播控平台，通过部署全球镜像站点，覆盖了190多个国家及地区的互联网用户。此外，它还推出了6个外语频道（分别是英、西、法、阿、俄、韩），5种少数民族语言频道（分别是蒙、藏、维、哈、朝），成功转型为拥有全媒体、全覆盖传播体系的网络视听公共服务平台。

3. 中国电视剧制作中心转企改制

2009年，中国电视剧制作中心成立，中央电视台开始推进股份制改革，在该中心设立了三个制片分公司。这些分公司实行成本与收益独立核算，在制作、储备、创作、策划以及选题等方面享有一定的自主权。

中央电视台的这三大经营性单位的转企改制，有力推动了广播电视产业与新媒体产业的发展。

（二）地方有线电视网络经营单位的转企改制

我国有线电视网络经营单位原本属于事业性质，后来随着网台分离改革逐渐步入企业改制、企业化管理的发展阶段，其中实现省内整合的网络经营企业在探索和实践过程中构建了现代企业制度，积极参与"三网"（电信网络、有限电视网络、计算机网络）融合下的市场竞争。

1. 湖南省有线电视网络（集团）股份有限公司

湖南省有线电视网络（集团）股份有限公司（现中国广电湖南网络股份有限公司）于2007年正式挂牌运营。成立之后，它广泛吸纳其他市、县的网络股东，逐步展开全省的网络整合与数字化、双向化改造。在此过程中，一大批有线电视事业单位完成了企业化改造，建立了法人治理结构。湖南省有线电视网络（集团）股份有限公司将资本作为动力，有效推进了有线电视的数字化转换，为全省的数字电视产业发展奠定了良好的基础。

2.广西广播电视信息网络股份有限公司

成立于广西壮族自治区的广西广播电视信息网络股份有限公司，在许多市、县开设了分公司，实施统一管理、建设、规划，并在全国率先开展省级有线电视数字化转换。该公司通过转企改制与网络整合成为市场竞争主体与企业法人，经营管理模式也逐渐转变为现代化、集约型模式，公司整体实力与经济效益大幅度提升。

除此之外，我国广播电视业在进行转企改制、构建现代企业制度的同时，还有一批优秀国有企业在 A 股上市，陆续登陆资本市场。

第四节 广播电视体制改革的成效、经验与启示

一、广播电视体制改革的成效

广播电视体制改革所取得的成效集中体现在以下四个方面，如图 3-3 所示。

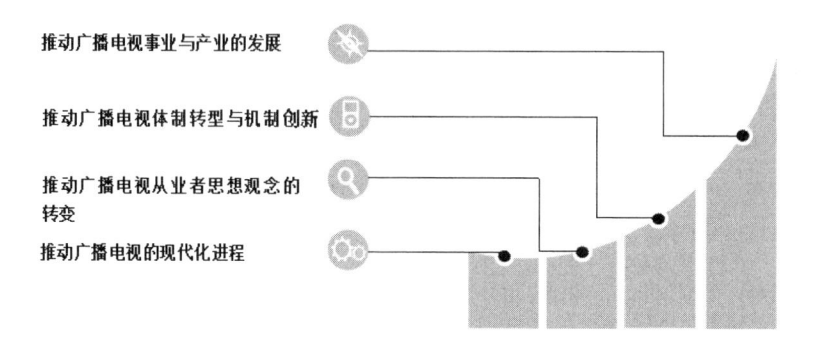

图 3-3 广播电视体制改革的成效

（一）推动广播电视事业与产业的发展

广播电视体制改革推动了广播电视事业与产业的发展。在改革期间，广播电视事业与产业协调发展，取得了显著成就，仅 2000 年至 2010 年这十年

期间，广播节目的制作量就从 404 万小时左右上升至 681 万小时左右，播放量从 741 万小时左右上升至 1266 万小时左右；而电视节目的制作量也从 87 万小时左右上升至 274 万小时左右，播放量从 433 万小时左右上升至 1635 万小时左右。与此同时，有线电视用户与数字电视用户的人数也得到了大幅度提升。由此可见，在改革过程中，我国广播电视事业与产业得到了较大发展，综合水平有所提升。

（二）推动广播电视体制转型与机制创新

广播电视体制改革涉及广播电视领域的诸多层级与方面。在此过程中，传统的广播电视体制机制已经发生改变，政企不分、政事不分、管办不分的体制机制也逐渐向"三分开"转变，以社会服务体系、政府监督体系、市场运营体系以及公共服务体系为框架，以党委领导、政府管理、行业自律为目标的广播电视体制正处在不断完善、实践的过程中。

（三）推动广播电视从业者思想观念的转变

在广播电视体制改革实践中，通过贯彻党和政府的一系列重要文件的精神，广播电视工作者的思想观念得到了更加充分的洗礼，其更加深刻地认知到广播电视的基本属性、地位、功能，进而树立了效益、资源、创新、品牌、融合、竞争等现代化观念。另外，通过现代传输传播新体系理念的构建、提升国家软实力的文化自觉等也能看出改革期间广播电视从业者思想观念的巨大转变。

（四）推动广播电视的现代化进程

在文化与传媒两大领域中，广播电视是一个科技含量较高的部门，它的现代化需要通过先进技术的应用、先进装备的配置来实现。目前，广播电视的现代化主要体现在其网络化、数字化水平上。在广播电视改革与科技革命的推动下，手机广播电视、网络广播电视、IP 电视以及移动多媒体广播电视等新媒体迅速崛起，传统广播电视媒体与新媒体融合发展，共同构建现代多媒体联动传播的新格局。

二、广播电视体制改革的经验与启示

纵观广播电视体制改革进程，可以得到以下经验与启示。

(一)广播电视体制改革是推动广播电视产业发展的重要动力

在广播电视体制改革的实施过程中,国家广播电视总局通过专题调研发现,改革中面临着许多新的矛盾与问题,集中表现为体制性障碍、利益性障碍、区域性障碍、政策性障碍以及观念性障碍。其中最关键的便是体制性障碍,它会对广播电视事业与产业的发展产生极大的影响。这也意味着,在新的发展阶段,广播电视产业想要实现更好的发展就必须将改革作为重要动力,通过大力推进改革的方式来消除体制性障碍,而改革所取得的成效也证明正是体制改革的突破与体制性障碍的排除才让广播电视产业的生产力得到提升、创新能力得到发挥。因此,广播电视体制改革是推动广播电视产业发展的重要动力。

(二)广播电视体制改革是广播电视产业主动适应时代新要求的自我革新

作为党和政府的喉舌以及社会主义文化建设的重要阵地,广播电视产业肩负着宣传党和政府的方针政策,引导社会舆论,推动社会主义文化建设的重要使命。对外,在开放的国际环境与世界经济一体化的背景下,文化与政治、经济相融合,我国广播电视产业肩负着塑造良好的国际形象、提升国家软实力以及掌握国家话语权的任务。在面对这些重要的使命与任务时,广播电视产业想要与时代发展的新要求相适应,就必须进行自我革新,无论是思想观念,生产、经营方式方面,还是队伍建设方面,都要呈现出新的面貌,而体制改革正是实现这一目标的重要途径。实施、推进广播电视体制改革不仅仅是广播电视产业履行使命与责任的过程,更是其应对市场竞争、提升自身综合实力的内在要求。

(三)广播电视体制改革必须与国家总体改革的方向保持一致

自党的十六大以来,中央便加快了深化社会体制、政治体制、文化体制、经济体制四方面改革的步伐,并做出了相应的工作部署。而广播电视体制改革不仅与以上改革密切相关,而且是文化体制改革的重要组成部分。这就要求广播电视体制改革无论在改革思路上,还是在改革措施、目标上,都必须与国家总体改革的方向保持一致。

(四)广播电视体制改革需要坚持理性思维与渐进方略

这里的理性思维指的是理智地看待改革的必要性、必然性、可行性与可能性，对改革的走向与利弊得失进行实事求是的分析、判断。渐进方略指的是在谋改革、定方案、做决策的过程中，以事物的客观发展规律为前提，在进行重大决策时严格执行调查研究、科学论证、民主决策的程序，对改革的承受程度、成本代价、实施步骤、预期目标进行充分考量。与其他部门相比，广播电视既具有共性，又具有自身特性。从目的性角度来看，广播电视以取得最大化的社会效益为目标，社会效益的重要性高于经济效益；从管理体制角度来看，广播电视实行条块结合、以块为主的管理体制，其与政治体制、行政体制相一致；从要素角度来看，无论是队伍构成还是物质装备，广播电视的科技含量都比较高；从业务角度来看，广播电视涵盖文化、传媒以及信息三大领域；从结构角度来看，广播电视是体制的块状结构与传播的网状结构的结合；从性质角度来看，广播电视是党和政府的喉舌与大众传媒的结合。正是因为这些特性，广播电视体制改革才具有较高的难度与复杂性。

第五节　广播电视产业改革

一、"产业化"政策背景

我国广播电视业的发展道路与西方国家不同，我国广播电视业从诞生起走的便是事业型发展道路，直到改革开放后，才逐渐从事业单位、企业管理型发展模式转变为事业、产业分开运行的发展模式。此过程与我国的政治、经济制度的改革发展过程相符，具有一定的历史客观性。

（一）政策制定进程

1985 年，广播电视业被国家统计局列为第三产业。1992 年，在我国社会主义市场经济体制的改革得以明确的前提下，中共中央、国务院发布了《关于加快第三产业发展的决定》，明确将广播电视列为第三产业。此后，我国广播电视的生产力得到了一定程度的发展，产业化进程加快。

2003 年，原国家广播电影电视总局提出了"加快发展广播电视产业"的号召，并将 2004 年定为"产业发展年"。这一举措不仅代表着广播电视的经济属性得到了政策层面的明确，而且在一定程度上体现了国家发展广播电视产业的决心。

2009 年，国务院常务会议通过了《文化产业振兴规划》，这一举措象征着文化产业从真正意义上成为一种受国家重视的产业,同时使广播电视产业获得了繁荣发展的重要契机。2013年国务院决定推进"三网"融合。2015年"三网"融合的发展目标全面实现。

2019年,国家广播电视总局印发了《关于推动广播电视和网络视听产业高质量发展的意见》,给出了广电行业要发展产业、政府要引导产业、事业产业发展并重的明确信号和具体指引,在完善产业体系、优化产业布局、强化产业扶持等方面实现了一系列政策创新,对促进广播电视和网络视听产业提质升级、推动其高质量创新性发展发挥了重要作用。

以上政策措施在将广播电视产业上升至国家战略高度的同时,也为文化产业体制改革拉开了序幕。

(二)清晰界定两种属性

我国广播电视同时具有"经济属性"与"政治属性",这也代表着它同时具有两种功能,即"产业功能"与"喉舌功能",而我国广播电视产业健康发展的关键就在于正确处理这"两种属性"与"两种功能"的关系。

政治属性指的是,作为党和政府的喉舌,广播电视自诞生起就需要承担起政治宣传的使命,并将获取最大化的社会效益作为价值标准。广播电视的这种政治属性至今仍然存在,且不会被削弱。

对广播电视而言,喉舌功能与产业功能需要统一起来,而统一的前提便是将社会效益放在第一位。广播电视的产业功能与政治属性分别以经济效益与社会效益为最高标准。因此,广播电视想要实现产业化,就需要在正确舆论的引导下,以市场为导向,以企业化管理为基础,实现经济效益与社会效益的统一。

自改革开放后,我国广播电视媒体在良好的市场条件与社会环境中得到了一定的发展,产业化进程也在不断推进。在此过程中,广播电视逐渐转变为具有大众传媒、宣传工具、文化产业等多重属性的传播载体。产业化道路成为广播电视发展的必然趋势。

产业化经营与产业功能的确认使得我国广播电视发生了一定的变化,具体表现为:在业务范围方面,其宣传内容从单一的政治内容逐渐扩展为资本运营、网络服务、节目经营、广告经营等;在财政制度方面,从接受国家全额财政拨款逐渐发展为面向市场、自负盈亏;在管理体制方面,由纯粹的事业单位管理模式转变为事业单位、企业化管理的模式。

二、"产业化"发展进程

十一届三中全会之后,随着党将经济建设作为工作中心,我国广播电视业也逐渐朝着产业化的方向探索。

1979年1月,上海电视台宣布"受理广告业务";同年2月,中央电视台开办《商业信息》节目,播放国内外的商业广告;1980年1月,中央电视台播放了首条广告。此后,我国的各广播电台、电视台也都纷纷开办并承接商业广告业务。1986年12月,广东省率先成立珠江经济广播电台;1988年9月,湖北汉江经济电视台开始试播。至此,我国广播电视的经济属性、产业功能逐渐被人们所认识。

随着市场经济的不断发展、科学技术的不断进步、社会需求的不断变化以及改革开放的不断深入,我国广播电视产业取得了较大的发展。其产业化发展进程大体上可分为以下几个阶段,见表3-2。

表3-2 广播电视产业化的发展阶段

发展阶段	第一阶段	第二阶段	第三阶段
时间范围	1978—1992年	1993—2002年	2002年至今
阶段特征	政策突破	技术突破	整体推进
主要内容	在省以及有条件的地(市)、县实施"四级办广播、四级办电视、四级混合覆盖"政策,全面推动广播电视新闻改革	在各地兴建了一批广播电台、电视台,增设广播专业频率,开播卫星电视频道	坚持体制改革创新、数字化发展,大力发展广播电视产业,推动模拟技术向数字技术的转变;利用高新技术拓展服务业态、盘活现有资源,打造完整产业链;促进动画、有线网络、电视购物、电影、视听媒体等方面的发展

续 表

发展阶段	第一阶段	第二阶段	第三阶段
成就	在极大程度上解放了广播电视的生产力，提升了广播电视系统与各级党委政府兴办广播电视机构的积极性，使得广播电视事业得到了较大发展。不仅如此，人们对广播电视经济属性的认知也使其获得了一定的资金支持	频道频率、电视用户数量增多；收视质量提升；广电信号实现跨地区、跨国界传播；节目容量扩大；有线电视收入成为市、县广播电视机构的重要收入来源；广告业带动广播电视产业化飞速发展	广播电视产业发展日趋多元化，形成了传统产业与新型产业共同发展的新格局

三、"产业化"发展趋势

如今，我国广播电视产业已经进入了新的发展阶段。电视剧、广告等传统优势产业依然保持着强劲的发展势头，有线网络、动画、视听新媒体等新兴产业也在不断发展，这些都使得广播电视产业在资源与结构方面得到了较大程度的拓展。我国广播电视产业正处在一个新的历史起点，在产业化发展的进程中也将迎来更多的机遇与挑战。

（一）有线网络产业

"三网"融合的不断推进为广播电视有限网络产业带来了新的发展机遇。国家广播电视总局《关于加快广播电视有线网络发展的若干意见》中明确提出要促进有线网络整合与数字化整体转换，具体目标为加快实现有线网络整合，大力推进有线网络运营单位改制以及有线网络向广电网（NGB）的转化。

（二）动画产业

国产动画继续保持着良好的发展势头。2004年原国家广播电影电视总局设立了首批9个国家级动画产业基地，2010年增至23个，初步形成了国家动画产业区域发展格局。

根据国家广播电视总局发布的《关于2021年度全国国产电视动画片制作发行情况的通告》，2021年我国共制作发行了332部国产电视动画片，总时长达79862.8分钟。

在国家广播电视总局一系列政策的支持下，国产动画得到了一定的发展。

一大批省级卫视频道开始播放国产动画，涌现了数家上星动画频道，国产动画的产量与收视率迅速提升，动画产业逐渐成为新的经济增长点。

除此之外，新媒体也是广播电视产业化发展的重要趋势，由于其涉及内容较多，将在下一章展开详细论述。

第四章 广播电视新媒体发展

随着 21 世纪的到来,传媒行业在国内外的市场竞争中不断开拓进取,新媒体的影响越来越广泛、深入。在新媒体技术不断发展的同时,传统广播电视媒体纷纷涉足新媒体领域,并在传统媒体资源与新媒体的融合发展方面取得了一定的成就。

第一节 新媒体的发展概况

一、新媒体的内涵特点与载体形式

(一)新媒体的内涵特点

1. 新媒体与传统广播电视媒体的关系

新媒体与传统广播电视媒体之间普遍存在继承、竞争、互补三种关系,如图 4-1 所示。

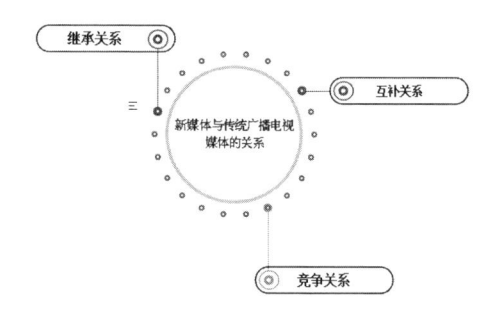

图 4-1 新媒体与传统广播电视媒体的关系

（1）继承关系。新媒体与传统广播电视媒体的继承关系集中体现在以下几个方面：

第一，从职能角度来看，传统广播电视媒体与新媒体为受众提供的服务范畴并未发生很大的变化，还是集中于娱乐与信息这两个领域。

第二，从制作流程角度来看，新媒体在工作人员的分工构成方面仍然保持着传统广播电视媒体的分工模式，即包括前期准备、中期采样、后期合成以及播出等主要环节。

第三，从内容来源角度来看，新媒体平台所播出的很多内容还是传统广播电视媒体的内容或是由传统节目制作机构制作的内容。

（2）竞争关系。随着新媒体时代的到来，广播电视媒体呈现出了新的发展格局，这对传统广播电视节目提出了更高的要求。目前，广播电视业对内要面临内部竞争，对外要积极应对新媒体的冲击。总体而言，新媒体时代对广播电视业提出了新的挑战。

第一，广播电视业想要得到更好的发展，就必须从机制与体制方面入手。新媒体给传统媒体带来的冲击并非技术能够解决的问题，还需要从管理方面进行考虑，强化体制改革。因此，实现管理体制机制的改革也就成了广播电视媒体发展的创新点。

第二，为了更好地应对广播电视媒体之间激烈的竞争，广播电视业不得不进一步扩大市场份额。在市场总量没有发生变化的条件下，随着新媒体的加入，各级广播电台、电视台原本的市场份额都会出现一定程度上的萎缩。对此，只有不断寻求新的机会，广播电视业才能保证自身在激烈的竞争中存活下去。

第三，新媒体的诞生加剧了受众分流。网络电视与智能手机的出现，使得人们已经无法满足于被动接受媒体节目，而是主动选择新媒体，从而导致广播电视的收视率、收听率下降。对此，广播电视媒体必须结合受众需求、整合现有资源，采取一系列行之有效的措施来保证自身的收视率、收听率。

（3）互补关系。新媒体与传统广播电视媒体之间的互补关系主要表现为以下五点：

其一，在节目的原创性上，新媒体要逊色于传统广播电视媒体，而制作方面的短板也使得新媒体在节目需求方面仍然比较依赖传统广播电视媒体。

其二，从信息真实性的角度而言，由于新媒体门槛较低，每个人都能作为报道者将自己拍摄的照片、视频等进行上传，再加上缺乏专业、深层次的解读，容易出现报道不实或谣传的情况。相比之下，传统广播电视媒体的内容质量更高。此外，传统广播电视媒体往往采用一对多的传播方式，而新媒体采用的则是双向的传播方式，这使得新媒体在管理与信息审核方面存在一定的困难。对新媒体的受众而言，大部分人会选择用新媒体来获取最新信息，用传统广播电视媒体来验证信息的准确性。

其三，从社会责任方面来说，新媒体以追求商业利益为主，在新闻规范方面还存在着不足之处；而传统广播电视媒体非常注重社会影响与正能量的传播。

其四，新媒体内容非常广泛，但缺乏"采、写、编、评"的专业人才，导致其内容把关能力相对较弱，容易出现常识性错误、媒体道德界限模糊等情况。而传统媒体在报道社会热点新闻时，会对事件本身及其对社会舆论的引导作用进行考量，在内容制作过程中秉持更加谨慎的态度，并在其中融入一定的人文情怀。

其五，对广播电台而言，私家车的兴起为其带来了发展契机。如今，在车上收听广播已经成为许多私家车主的习惯。此外，电视仍然是大部分家庭中不可或缺的一部分。这些都是传统广播电视媒体不可替代性的重要体现。

2. 新媒体的媒介特色

新媒体的媒介特色主要体现在以下几个方面，如图 4-2 所示。

新媒体的媒介特色：
- 互动性
- 高时效性
- 互联互通
- 新技术的应用
- 为广告商提供更多选择
- 信息海量化
- 重复性
- 易于形成社会影响
- 非线性多维度传播

图 4-2 新媒体的媒介特色

（1）互动性。在新媒体出现之前，广播电视媒体最主要的功能是发布信息，和受众之间最大限度的交流也仅停留在观众反馈与现场互动上，因此互动性成了传统广播电视媒体的短板之一。在新媒体诞生之后，每个人都能借此表达自己的观点、了解别人的观点，大大提升了媒介的互动性。

（2）高时效性。与新媒体相比，传统广播电视媒体的时效性较差。其主要原因在于，广播电视节目在播出方面有着一套比较严的管理体系，每个流程都需要按照相应的规定执行并受该规定的制约，这就使得广播电视在内容与时间上处于滞后的状态。相比之下，新媒体可以在较短的时间内将新闻信息发布出去，而不需要经过复杂的流程。

（3）互联互通。相比于传统媒体，新媒体在内容呈现方式上往往具有双向互动性，支持用户的自主点播，形成了以用户需求为出发点的"拉动"模式。随着更多网络直播平台的加入，新媒体也在受众群体中掀起了一阵直播热潮。在网络直播的推动下，人与人之间的距离也变得越来越近。

（4）新技术的应用。长期以来，新媒体都将精力集中于新型用户体验方式的研究。许多网络媒体先后开放了VR（虚拟现实）平台，并为虚拟现实产品的研发提供了大量资金支持。

（5）为广告商提供更多选择。虽然对传统广播电视媒体来说，新媒体的出现导致了受众分流，但对广告商来说，新媒体为其提供了另一个重要的广告投放平台。新媒体的广告投放形式与传统媒体不同，由于每个用户在新媒体平台上注册时都会登记相关信息，平台可结合用户的浏览轨迹对其进行定位，这使得广告商可以利用平台数据更加准确地投放广告。

（6）信息海量化。受播出时长与栏目板块的限制，传统广播电视节目无法将所有信息发布出去，只能从中挑选具有代表性或重大意义的内容进行播放。而新媒体则不同，它可以利用自身强大的平台优势，向受众推送大量的节目，并拥有更加充足的时间来对其进行解读与分析。

（7）重复性。传统广播电视节目的播出形式主要有两种：一种是录播，另一种是直播。通常情况下，相同的节目内容不会播出两次，且一旦错过便很难再观看到这一节目。但在新媒体出现之后，观众可以自由点播自己喜欢的节目，打破了播出时间的限制，满足了受众重复观看同一内容的需求。

（8）易于形成社会影响。在传统广播电视媒体中，如果受众没能及时观看到某一节目，便不会获得该节目中所播放的信息；而新媒体则可以通过平台发布与社交网络群转发的形式，让受众了解到相关信息并关注该信息的后续变化，还可以通过互动、共享的形式来影响事件的发展。

（9）非线性多维度传播。新媒体的非线性多维度传播包括全媒体传播、全时传播、全民传播、全域传播、全互动传播、自净化传播、高速传播、去议程设置传播以及去中心化传播。

全媒体传播：除了文字图片，新媒体还包含视频、音频等多种信息传播方式。

全时传播：信息传播的时效性包括定时、即时、实时以及全时。新媒体支持全时传播，也就是随时随地进行信息发布。

全民传播：传播不被局限于机构与媒体单位，每个人都可以化身为编辑、记者参与传播活动。

全域传播：新媒体受空间、时间的限制较小，通常情况下，只要同时具备信号与传输设备，就可以传播信息。

全互动传播：用户可以参与新媒体的许多环节，如搜集信息、采访、发布信息等，还能在事后参与评论。

自净化传播：在新媒体的传播过程中，虽然负面消息的传播面积要远大于正面消息，但对于那些不实的消息通常都会有相关人员出面澄清，这也能在一定程度上消除误会。

高速传播：从传播速度层面来看，新媒体的传播速度要比传统广播电视媒体快得多，它能够在事情发生的同时进行传播活动。

去议程设置传播：在新媒体的传播过程中，传播者只需按照自己的语言习惯进行传播，而无须采用固定的用语模式。

去中心化传播：在新媒体中，新闻更加多元化，不存在"头版头条"的情况，用户可结合自身喜好选择特定的主题展开讨论。

（二）新媒体的载体形式

新媒体存在多种载体形式，其中包括直播、网络视频网站、短视频、在线播放器、本地播放器等。

1. 直播

直播平台具有实时互动、多元文化交织与信息价值并存等特点，但同时也存在着一定的同质化问题。

首先，在新媒体中，网络视频直播平台属于一种比较高端的形态。从信息传播的层面来说，文字可以修改，图片可以PS，视频可以剪辑，而视频直播则比较直接、真实，能让用户与直播现场进行实时连接，用户与主播、用户与用户之间进行直接交流。也正是这种真实性，才使得网络视频直播对广大用户产生了较强的吸引力。

其次，网络视频直播能给广大用户提供直接交流的机会。互动性是新媒体相对于传统广播电视媒体的主要特性之一，而网络视频直播则将这一特性发挥到了极致。在网络视频直播平台上，用户不仅能发弹幕、评论，而且能和主播做游戏、给主播送礼物，这种参与感是网络视频节目所无法替代的。作为主播，可以在平台上分享自己的爱好，展示自我，获得别人的认可。作为普通受众，可以通过观看他人的视频直播进行娱乐或消遣、获取自己所需的内容等。

随着网络直播的不断发展，直播平台逐渐出现了同质化问题，即内容模式方面的千篇一律。对此，网络视频直播平台需要不断创新，通过新的产品来触发视频消费的增长点，进而有效解决同质化问题。

2. 网络视频网站

网络视频网站具有技术门槛低、内容生产速度较快、鼓励用户参与等特点。

网络视频网站所开放的内容与模式，使广大用户获得了自己制作视频的途径。用户只要具备一台电脑、一个数码相机或一部手机便能进行视频制作与剪辑。不但视频的取材没有严格限制，视频的内容也比较容易通过审核，所以自制视频的生产速度极快，并很快成为视频网站的主要内容。

3. 短视频

一般而言，短视频是一种以秒为计数单位，通过移动智能终端设备来完成拍摄与剪辑，并在社交媒体平台进行发布的新型视频形式。它主要具备以下几个特性：

第一，异步的优质内容更容易得到传播、沉淀。视频的"发布"将生产与消费两个环节分隔开来，使得视频生产者能够有更长的时间准备视频内容，那些优质的异步内容更容易得到用户的关注、点赞，或者转发、讨论，其与社交关系链间的相辅相成作用得到了很好的体现。

第二，视频长度相对较短，更适合碎片化的场景消费。通常情况下，短视频的时长都会控制在一分钟之内，这使得视频的制作、上传更加容易，有利于实现即拍即得。随着移动互联网的不断发展，移动客户端逐渐变成了视频必不可少的传播途径，用户只需要花费几分钟的时间就能完成一段短视频的拍摄与发布。同时，视频的播放也不会花费人们过多的时间，人们可以利用日常生活中的碎片化时间来观看，这一点也为短视频的快速传播提供了重要条件。

第三，用户参与性较高，社交媒体属性更强。事实上，短视频并不是缩小版的网站视频，而是社交过程中的一种信息传递方式。一方面，用户通过参与短视频互动突破了时间与空间的限制，获得了参与感与趣味性；另一方面，短视频的社交媒体属性让用户获得了一条创意与分享的新途径。

4. 在线播放器

在线播放器主要有以下两大特点：

（1）每日更新，拥有庞大的资源量。

（2）支持随时随地点播观看。

5. 本地播放器

本地播放器包含我们比较常见的迅雷影音、QQ影音等。

（1）迅雷影音是迅雷看看播放器的升级版，是在迅雷看看播放器的基础上，对界面、交互进行了改进，除此之外还加了许多新的功能，如：播放记录云同步、云收藏、云空间列表等。

（2）QQ影音是一款由腾讯公司推出的本地播放器，它支持任何格式的音乐文件与影片的播放。QQ影音首创轻量级多播放内核技术，深入研究并发挥新一代显卡的加速能力，致力于为用户带来更快、更流畅的视听享受。

二、新媒体的发展

（一）网络新媒体概述

1. 网络新媒体的定义

新媒体是一个相对于广播、电视、报纸等传统媒体而提出的动态、相对的概念，它以网络技术与数字技术为基础，让传播变得更加对象化、精准化。新媒体的传播途径主要有移动电视、手机、互联网以及IPTV（交互式网络电视）等。

"新媒体"一词最早诞生于20世纪60年代末期，由戈登·马克最先提出，随后，该词又出现在了美国总统的报告书中。由此，"新媒体"一词便很快在整个美国迅速传开，最后拓展到了全球。

"网络新媒体"有广义和狭义两层定义。在广义层面，"网络新媒体"被定义为以移动通信技术、网络技术为手段，以卫星、互联网、无线通信网以及宽带局域网等为渠道，通过手机、电视、计算机等终端设备向受众提供音频、远程教育、视频、在线游戏、语音数据等信息以及娱乐服务的新型传播手段的总称。在狭义层面，"网络新媒体"指的是新兴媒体。

2. 网络新媒体的特点

网络新媒体凭借着推广方便、性价比高、精准到达、覆盖率高、渠道广泛、互动性强以及形式丰富等诸多优势而在现代媒体中占据着不可替代的地位。网络新媒体的出现是传统话语权的解构与转变、传播语境的变化以及科学技术进步的重要体现。网络新媒体的"新"主要体现在以下几点，如图4-3所示。

图 4-3　网络新媒体的特点

（1）交互性。网络新媒体的传播方式主要包含以下几种：一是个人对个人的异步传播，如电子邮件等；二是个人对个人、个人对少数人、个人对多人的同步传播，如多用户游戏等；三是多人对个人、个人对多人的异步传播，如远程通信、网页浏览等；四是多人对多人的异步传播，如电子论坛、电子公告牌、新闻讨论组等。除了第三种传播方式的用户只是作为信息的接收者之外，其他三种的用户既有可能是信息的发布者，也有可能是信息的交流者。由此可见，网络新媒体的传播方式最显著的变化是"受众"指的不仅是大众，也有可能是个人，受众将不再单纯作为信息的接收者，也可以成为信息的发布者。

（2）分众性。互联网的交互性特点引发了用户分化。网络新媒体以文化程度、社会地位、专业程度、种族、性别、年龄以及兴趣爱好等为依据，将受众分成一个个小群体，从而更加精准地为其提供服务。因此，我们也可以将网络新媒体理解为一种具有小众化倾向的传播。因为媒体的生存、发展与受众群体数量存在着非常密切的关系，所以每个受众群体仍需保有一定的数量。

（3）复合性。互联网的信息传递打破了传统媒体信息传递的单一性，将图片、视频、声音融合在一起，实现了图、文、声的一体化传播。网络新媒体的复合性特点也在一定程度上体现了传播形态的多样性特点。它将广播、电视、报纸的传播方式与手段融合在一起，这种多样化的传播形式是前所未有的。此外，它还对各种信息形态、传输渠道以及接收终端进行了整合，这样便能保证用户可以在任何地方，通过任何终端进入新媒体网络。

（4）个性化。网络新媒体实现了信息传播、信息收阅的个性化。它在网络环境下，充分结合用户的特点、爱好与使用习惯，利用人工智能算法以及各种先进技术，为受众提供能够满足其个性化需求的服务。不仅如此，受众也掌握着信息操控权，他们可以利用网络新媒体进行信息的搜索、选择、定制。因此，从这个角度来看，新媒体时代也是一个"受众个性化"的时代，新媒体能让传统媒体中只能被动接收信息的受众转变为主动搜索、发布信息的用户，这是一个基于用户个人建立起来的双向交流系统。

（5）数字化。数字化的传播方式是网络新媒体的显著特征之一。随着科学技术的不断发展，数字化的传播方式便成了一种必然现象。网络新媒体就是通过数字化过程，将所有文本缩减至二进制元编码，并且可以采用同样的生产、分配、储存的方式。

（二）网络多媒体节目类型

1.传统广播电视类互联网视听节目

传统广播电视类互联网视听节目指的是由传统广播电台、电视台通过互联网向计算机用户提供的视听类节目，如芒果TV、央视影音等。其主要特色在于服务商具备长期制作节目的经验，既是内容的生产商，又是内容的服务商，因此他们无须花费大量成本去购买内容。

传统广播电视类互联网视听节目服务主要包含以下四个方面：

（1）由于网络新媒体不会受到排期方面的限制，所以传统广播电视类互联网视听节目服务商通常会在电台、电视台的有限内容的基础上，制作、编排一些与之相关的视听节目供互联网用户收听、观看。

（2）传统广播电视类互联网视听节目服务也包含文化活动、重大体育赛事等节目的网络直播。

（3）尽管传统广播电视类互联网视听节目服务商自身具备较强的内容生产能力，但他们还是会根据用户需求，从其他内容生产商手中购买一定的音频内容，再根据内容主题将其分类编排进互联网视听节目服务平台的各频道中。

（4）各广播电视企业对其制作的供自己电台、电视台播出的节目进行再次编排后，在其他互联网平台上推出。

2.综合性互联网视听节目

综合性互联网视听节目指的是由民营资本组建，通过收集、制作、采购等方式向用户提供的各种类型的视听节目，常见的有爱奇艺、搜狐等。综合性互联网视听节目服务主要包含以下几个方面：

（1）为了更好地满足用户需求，使其获得更全面的内容服务，综合性视频网站也会收集、转载其他网络平台的视听节目，除了必须从广播电视类平台转载的时政新闻类节目外，也会转载部分合作网站的视听节目。

（2）综合性互联网视听节目服务包括文化活动、重大体育赛事等实况音视频直播服务。

（3）综合性互联网视听节目服务商会从其他生产者手中购买部分视听内容，在编排后将其提供给自己平台的用户。

（4）一般而言，综合性互联网视听节目服务商会有自己的内容制作团队，按照相关规定，他们可以采访、报道各种非时政题材的新闻事件，并将其制作成视听节目，或是自己拍摄、创作一些网络影视剧，为平台用户提供原创视听节目服务。

3. 聚合类互联网视听节目

聚合类互联网视听节目指的是广泛汇集并向用户提供互联网信息的视听类节目，如百度视频等。聚合类互联网视听节目的业务范围虽然比较窄，但却存在着一定的特殊性，用户可以在这种网站中找到非常全面的视听内容，其服务主要包含以下两方面：

（1）聚合类互联网视听节目服务可以向用户提供生成内容共享服务，即用户可以将自己制作的内容与相关信息上传至聚合类视听服务网站，通过网站审核后，便能将自己的作品展示到平台上。

（2）聚合类互联网视听节目服务商对合作网站中的视听信息进行搜集、分类、编排，并将其发布到自己的网站中，供用户搜索、观看。在此过程中，由于聚合类互联网视听节目服务商收集的只是节目信息，所以用户在观看时通常会直接跳转到内容所在的网站中。

4. 转播类互联网视听节目

常见的转播类互联网视听节目包括 PPS 影音、爱奇艺等。转播类互联网视听节目服务所转播的内容主要涉及以下三个方面：

（1）其他视听平台所提供的各种文化活动以及重大体育赛事等实况直播。

（2）传统广电类互联网视听节目服务平台提供的自制内容。

（3）传统广播电台、电视台的视听节目。

（三）网络新媒体的营收方式

网络新媒体的营收方式包括广告费、版权分销、内容服务、用户收费、内容排位以及用户体验营利几种。

1. 广告费

广告主可以通过网络新媒体上的注册用户的浏览痕迹，对其精准投放广告。传统广告需要耗费较高的成本才能获取海量用户，并从中找到自己的目标群体。但网络新媒体却可以轻松获得用户的喜好与其他各种基本信息，从而使广告主更加准确、容易地对目标群体投放广告。

2. 版权分销

版权分销指的是通过自创或买断线上独播权的方式来获取 IP（国际互连协议）版权，并将这些版权授权分销给各个网站，以赚取其中的差价。

3. 内容服务

内容服务主要包括综艺节目、自制网剧等。网络新媒体可以利用已掌握的内容资源，发挥入口优势，获得营收。

4. 用户收费

用户收费主要指的是会员收费，也就是通过向普通用户收取一定的费用，将其升级为 VIP 用户，使其享受增值服务，如爱奇艺等平台推出的 VIP 抢先看、VIP 专享等形式。一般而言，会员的类型主要有包月和包年两种。

5. 内容排位

网络新媒体的内容排位也就是竞价排位，是一种按照效果付费的推广方式。这种方式可以通过少量的投入，为企业带来大量的潜在用户，并在一定程度上提升企业的品牌知名度与销售额。

内容排位往往按照给企业带来的潜在客户访问数量来计费，企业可以灵活控制推广投入，将回报最大化。这种营收方式具有见效快、关键词数量无限制且不分难易程度等特点。

6. 用户体验营利

用户体验营利的原理在于充分发挥平台优势，通过各种活动占据入口，积聚人气，构建平台，再利用相关的商业模式将这些流量变现。

（四）网络新媒体的影响力

1. 网络新媒体改变了传统的文化交流和传播的方式

从传播技术的角度来看，网络新媒体在固定的文化交流互动过程中具有保护机制，即受众能在不暴露自身身份信息的前提下与陌生人进行交流，这也使得受众在文化传播过程中具有一定的安全感。在个人信息得到保护的情况下，用户便能敞开心扉地与人进行互动交流，文化传播会得到效率与质量方面的提升，文化传播者之间的凝聚力也会有所增强。除此之外，在新媒体环境下，文化传播主体与客体的身份会随着交流情境的变化而发生转换。作为后网络时代的新秀，自媒体开创了个体信息传播的新时代。在这个时代，转播的主体不再局限于专业媒体，每个人都能成为内容的提供者。在自媒体得到普遍应用的背景下，数字出版企业也逐渐从单纯的内容提供商转变为内容的组织者与交流者。不仅如此，在网络新媒体中，社会主流文化与边缘文化会进行有效碰撞，进而为社会大众带来包含新内容的文化。

2. 网络新媒体优化整合了传统的文化传播系统

网络新媒体不仅有利于提升文化传播力，而且能促进传统文化传播系统的优化整合。从社会信息系统的角度来看，随着科学技术的高速发展，网络新媒体的诞生既改变了文化传播方式，又拓宽了文化传播渠道。纵观人类文明发展史，在科技的推动下，文化传播的过程从人与人之间的口头传播，逐渐演变成现在的新媒体传播。在此过程中，传播的媒介与方式发生了翻天覆地的变化，互联网、多媒体、幻影成像、虚拟现实、触摸屏等传播媒介为文化传播提供了更加便利的途径。网络新媒体从多个方面、多个角度打破了传统媒体的传播界限，开辟了新的文化传播方式、途径。如今，纸质媒介正处在数字化转型的重要阶段，如报刊业除了尝试内容的数字化转型之外，也尝试开辟数字广告这一新的营收渠道。

3. 网络新媒体为多元文化交流带来机遇和挑战

网络新媒体在实现文化传播的过程中需要具备一定的基础条件，即在文化传播的过程中需要具有一定的共享性，网络新媒体在交流互动方面具有良好的操作便利性、界面友好性以及交互性。在文化交流中，网络新媒体的操作便利性对提升信息传播效率发挥了重要作用。

以新华社对其客户端进行的改版升级为例，为了更好地满足用户需求，新华社将算法推荐引擎引入新版客户端，利用"身份识别"技术，在充分结合用户兴趣图谱的基础上向其推荐相关领域的新闻内容，而"问记者"这一功能在信息传播主客体间的交流方面具有强大的交互性与便捷性。

所以，在遵循市场规律的前提下，网络新媒体可以让文化传播的时间更短、范围更广。网络新媒体是一种高效率的文化传播手段，能够更好地满足人们日益增长的文化需求。如今，社会文化正处于不断变化、发展的状态，网络新媒体也会随之产生一定的变化。

我国的纸质媒介也开始向网络新媒体转型。在网络新媒体中，微信、微博等交流软件的应用比较广泛，国内纸质媒介的转型也结合了网络新媒体的传播方式。例如，《河南日报》报业集团与河南联通签署全面战略合作协议，将在移动互联网、云采集平台等网络新媒体平台进行业务合作。由此可见，网络新媒体在促进文化传播、提升文化传播效率方面有着非常重要的作用。

4. 网络新媒体能够有效地刺激多元文化形式的产生

刺激多元文化形式的产生也是网络新媒体对文化传播的重要影响之一。一种新的文化传播媒体在社会中不仅能以一种文化的形式存在，而且能以文化系统的构成要素存在。这种新的文化传播媒体在进行文化传播的过程中会逐渐形成一种新的文化秩序，因此可以对文化进行重新包装，从而使人们重新定义、理解文化。例如，在歌曲表演的过程中，可以通过计算机技术营造出相应的虚拟影像，为观众带来良好的审美体验，促进新旧文化的相互融合。只有不断创造新的文化形式才能使新时代的文化拥有更强大的参与性与包容性。

（五）移动端新媒体

1. 移动端新媒体的定义

移动端新媒体指的是一种以移动通信网络为基础的全媒体形式，它以手机为接收与交互的终端。

2. 移动端新媒体的特点

移动端新媒体的特点主要包括互动性、增值性、便携性、跨界性、私密性，如图4-4所示。

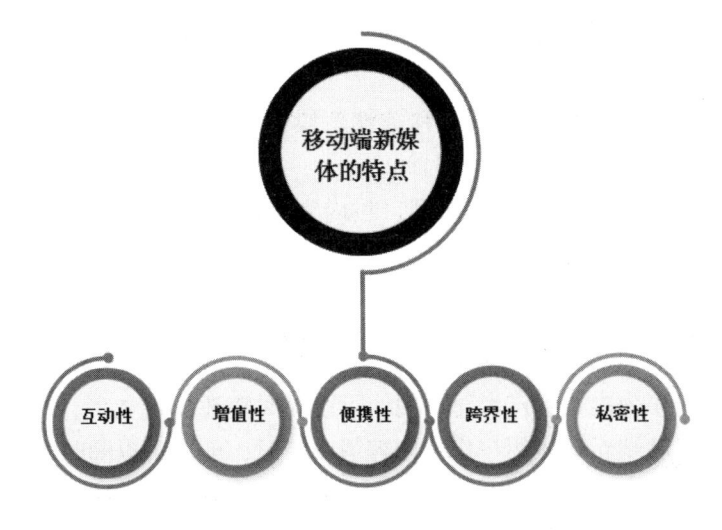

图 4-4 移动端新媒体的特点

（1）互动性。移动端新媒体自诞生起就处在不断发展、革新的状态中，时至今日，它在手持终端、局端设备中都具备一定的计算能力，还能在此基础上为广大用户提供大量丰富的互动功能，而手机游戏便是其中非常有代表性的例子。

（2）增值性。移动端新媒体能够实现灵活计费，这一点也是传统媒体所无法比拟的，正因如此，移动端新媒体可以获得固定收益之外的更多边际收益。

（3）便携性。移动端新媒体可以不受时间、空间的限制，满足用户随时随地进行信息访问的需求。

（4）跨界性。在移动网络的支持下，移动端新媒体能更好地与广播、电视、互联网、报纸等媒介进行密切的互动。

（5）私密性。移动端新媒体与传统媒体不同，一般是私人独立使用。用户的个人隐私在使用过程中可以得到很好的保护，且不会受到其他人的干扰。除此之外，用户还可以根据自身需求进行个性化定制。

3. 移动端新媒体的内容

（1）向高新科技融合转型。移动端新媒体将媒体内容与最新的数字技术、网络技术融合在一起，改变了人们的信息接收渠道，如下载、搜索等。

（2）向数字创意生产转型。移动端新媒体利用文化创意构建新的文化景观，并向其中注入互联网基因。

（3）向大众文化消费转型。移动端新媒体从受众的喜好出发，更具时尚性，如网络综艺、网剧等。

（4）向微内容碎片化转型。移动端新媒体用轻松的视听享受代替深度浏览，旨在充分利用用户的碎片化时间。

（5）向"草根"个性创作转型。在内容生产方面，移动端新媒体从专业化向社会化发展，让受众从单纯的信息接收者转变为信息传播者与发布者。

4.移动端新媒体的影响

（1）移动端新媒体用户扮演着内容生产者与消费者的双重角色。当移动端新媒体用户作为内容生产者时，他们可以随时随地输入文字、录入音频、拍摄照片；当移动端新媒体用户作为内容消费者时，他们可以随时随地访问各种网站、播放音乐、下载视频。在移动网络所提供的上传、下载功能的基础上，用户与媒介之间突破了时间、空间的限制，实现了前所未有的融合。

（2）移动端新媒体对新闻传播具有重要影响，主要体现在以下三个方面：

第一，扩大了受众群体范围，提高了受众的关注度。例如，作为重要的通信工具，手机在承载通信功能的基础上也具备传播新闻的重要作用，移动端新媒体可以将手机作为新闻传播的载体，使受众既作为信息发布者，又作为信息接收者与传播者。

第二，移动端媒体拓展了新闻传播的分销渠道，使传媒行业呈现出多元化的发展趋势。同时，各种新闻的传播形式也呈现出融合化趋势。此外，移动端新媒体还利用网络传播的快速性，通过在新闻内容中插入超链接的方式，进一步拓展新闻的广度与深度。

第三，新闻传播中的编撰者与受众地位趋平。由于传统媒体过于注重新闻内容的传播，其相应的反馈机制比较落后。而与互联网相结合的移动端新媒体则可以通过在网页上设置评论区等方式，实现针对新闻内容的实时互动。

第二节 传统媒体与新媒体的融合发展

一、传统广播电视媒体的自有属性与特点

（一）传统广播电视媒体的自有属性

首先，对传统媒体而言，传达客观事实是立足之本，所以传统媒体对信

息筛选、事实真相有着很高的标准，再加上传播途径比较单一，使得传统媒体具有较高的可信度。相比之下，新媒体的全民参与特性导致其参与者良莠不齐、结构复杂，所以可信度也较低，某些谣言一旦传出，便会以极快的速度进行传播，从而产生不良的社会影响。

如今，当我们回顾新媒体对传统媒体产生的影响时便能发现，在媒体的演变过程中，尽管技术方面取得了较大的发展成果，但传播的主要内容仍然是信息；虽然技术能够在极大程度上改变人们获取信息的途径与方式，但却始终无法改变人们对信息内容产品的需求。另外，当新的传播形态诞生后，旧的传播形态一般不会消亡，就像广播电视出现以后，报纸、杂志并未消失一样，新媒体并不会取代传统广播电视媒体。在将广播电视媒体与新媒体进行比较后，我们能够发现，广播电视媒体不仅能够生产比较成熟且具有权威性的内容产品，而且拥有相应的传输渠道；部分新媒体虽然拥有用户生成的内容产品，但却很难满足用户对优质信息的需求，其主要优势还停留在内容传播过程中的多平台、多终端的组合上。对此，广播电视媒体可以充分结合自身发展需求与特点，将新媒体"为我所用"，使其成为传输自身内容的重要平台。

广电全媒体是传统广电媒体的延伸与进化，其有着鲜明的广播电视传媒特色。首先，广播电视全媒体虽然具备影像、文字、音频、图片等多种信息形态，但其主要优势还是音频内容的制作与传播，广电全媒体所要做的并非放弃这一优势，而是要对此优势进行不断强化。这一点也是广播电视全媒体不同于报业全媒体的特点之一。

其次，广播电视全媒体的本质是传统广播电视媒体与新媒体的融合，它囊括了包括传统广播电视媒体与新媒体在内的多种媒介渠道，这些媒介渠道共同构成了一个有机整体。但目前我国广播电视集团所拥有的多种媒介形态尚处于自成一体的状态，还难以产生理想的效应。

再次，作为一个开放的信息平台，广播电视全媒体可以为用户提供一云多屏式的信息传播服务。

最后，从本质来看，广播电视全媒体属于媒体，自然具备媒体属性，肩负着舆论引导、公共服务的重要使命。广播电视全媒体以在新的媒介生态下提升公信力与传播效力，提升媒体市场价值，实现社会效益与经济效益的双赢为最终目标。媒体属性是广播电视全媒体不同于其他民营互联网企业的重要特点。

（二）传统广播电视媒体的特点

1. 传统广播电视媒体以内容为王

在对新媒体有了正确的认知（新媒体只是一次技术革命，而并非取代传统广播电视媒体成为新的传播主体）后，我们便需要思考传统广播电视媒体如何在新时代得到进一步发展。新媒体的出现掀起了信息交流的革命，它打破了地域的限制，使沟通变得更加便捷、顺畅；大众传播与人际传播混合的传播形式、地域限制的突破（信息全球化）、信息传播速度上的提升（由缓速传播发展到及时传播）等都会对传统媒体产生巨大的冲击。

然而，新媒体自身也存在着一定的不足之处：由于进入门槛较低，内容监管较为困难，人人都能在新媒体平台获取、发布信息，导致平台上出现了大量不实信息与不良信息，使受众对网络的信任度降低。因此，在新媒体的强势冲击下，传统媒体仍然具备无法替代的优势，包括长期以来积攒的媒体信誉权威以及强大的内容资源整合与制作整合能力。

2. 传统广播电视媒体的信誉权

以内容为王是传统广播电视媒体在发展过程中遵循的原则。在信息爆炸、舆论多元化的今天，传统广播电视媒体必须做到立场坚定，传播具有鲜明立场的内容，同时有效利用新媒体，占领互联网舆论高地。事实上，报道者应该与立场同在，但这一原则在传统广播电视的新闻实践中常常被规避。而现在，传统广播电视主体想要在新技术带来的众多信息、观点中脱颖而出，就需要在内容上具有鲜明的立场与较高的辨识度。对大众而言，信息时代的到来，在为其提供更多获取信息的途径的同时，也使其难以判断信息的可信度。对此，传统广播电视媒体所具备的特质可以帮助大众获得准确、真实的信息。在新技术时代，传统广播电视媒体应该充分发挥"把关"作用，表明正确的立场，做到新闻的标新传播、深度解读与舆论引导。

随着App、手机、微博以及各种社交媒体的出现，信息呈爆发式增长，使受众陷入了分辨碎片化信息真实性的困境。另外，新媒体平台缺乏有效的内容监管与外部监督，其从业人员及受众的媒介素养有待提升。相比之下，传统广播电视媒体拥有长时间累积下来的较高的公信力。那些网络上备受关注的新闻事件，往往在得到传统广播电视媒体的报道、"定调"后才得以平息，这是公众对传统广播电视媒体依赖心理的重要体现，更是传统广播电视媒体占领舆论高地的良好契机，其较强的编撰能力使得其内容专业性、生产权威性等优势得到了更加充分的发挥。

3. 传统广播电视媒体内容与渠道的关系

传统广播电视媒体同时扮演着内容提供商与渠道服务商两种角色。随着内容与渠道的分离，一个新的问题呈现在广播电视全媒体面前，即是以内容为主导还是以平台为主导。以内容为主导意味着要更加注重专业内容的价值，追求内容的影响力；以渠道为主导意味着要更加注重全媒体渠道的传播价值，追求渠道的影响力。

在传统媒体时代，媒体自行制作内容，并利用自有渠道进行传播，从而形成了一定的媒体影响力，这种影响力是内容与渠道共同作用的结果。随着数字媒体时代的到来，内容与渠道逐渐分离，形成了内容生产商与渠道提供商，于是产生了选择内容还是选择渠道的问题。从自身诉求的角度来看，内容与渠道存在较大的差异，内容的主要诉求在于传播内容的覆盖率与到达率，即无论采用何种形式，接收到内容的受众越多，该内容的价值就越大；而渠道的主要诉求在于市场价值与渠道的影响力，即无论传播何种内容，使用某种渠道的用户越多，该渠道的价值就越大。

关于内容与渠道，广播电视全媒体主要有以下几种发展模式：

（1）低质内容，弱势渠道。这种发展模式不具备传播价值与市场价值，且低质内容与弱势渠道之间会出现互相损耗的情况。因此，广播电视全媒体要避免采用这种发展模式。

（2）低质内容，强势渠道。在这种发展模式下，虽然低质内容的传播价值会有所提升，但渠道的影响力会受到损害，导致其逐渐转变为弱势渠道。

（3）优质内容，弱势渠道。这种发展模式是目前广播电视全媒体发展过程中比较常见的模式。在此模式下，优质内容会提升渠道的影响力，促使弱势渠道向强势渠道转变。

（4）优质内容，强势渠道。这种发展模式是内容与渠道的最优组合。当内容与渠道都处在良好的发展状态时，它们之间就会彼此成就、互相提升，使传播价值与市场价值最大化。

以内容思维为主导的广播电视全媒体注重内容的传播价值，将自身定位为专业化内容提供商，在全媒体传播的过程中，将内容与业务作为主导。其内容既可以在自己的渠道传播，也可以在其他渠道传播。

以渠道思维为主导的广播电视全媒体注重渠道的传播价值，将自身定位为专业化渠道提供商，通过新媒体的营销、建设以及维护等多种方式提升平台的影响力。以渠道思维为主导的广播电视全媒体平台既可以传播自己制作的内容，也可以汇集其他平台的内容。

虽然广播电视全媒体存在以内容为主与以渠道为主之分，但事实上，内容和渠道两者之间存在着密不可分的关系。从内容角度来看，广播电视全媒体需要对内容的生产机制与流程进行改造，提升内容质量，不断推出精品内容；从渠道角度来看，广播电视全媒体需要拓展多种媒介形态的渠道，实现集约化生产，不断提升传播渠道的市场价值与影响力。在未来的发展过程中，广播电视全媒体应该充分利用自身的信誉优势，坚定立场，继续保持信誉权威，同时争取获得互联网舆论中的"民心所向"，形成线上、线下双赢的局面。

二、新媒体的自有属性与特点

（一）新媒体的自有属性

1. 新媒体的微型化属性

虽然"微型化"这一概念是近些年才形成的，但其中关于学习、认识与理解的相关思想却并非是在现代才产生的。例如，我国的成语中就有很多能够体现古人对学习中微量化积累的过程认知，如聚沙成塔、积少成多等。

古人在记事时讲求以"微言"阐"大义"，理解只言片语中所蕴含的深刻道理以及用简约的表达方式来讲明较为复杂的道理是古人在学做人、做文章过程中的基本素养与修为。以《论语》为例，它以只言片语的形式记录了孔子及其弟子的对话，言简意赅，但却有着非常深刻的寓意。在这些传统文化中，对学习的微观认知与当代微型学习理念存在相似之处。

如今的微电影、微视频、微信、微博等，大部分都以轻量化的形式存在，它们之所以受到热烈追捧，主要是因为人们工作、生活节奏加快，它们能够使人们迅速、便捷地获取信息。在传媒还不发达的时候，人们获取信息的时间相对固定，工作、生活节奏也相对缓慢，人们拥有充足的看电视、读报纸、听广播时间；而如今，随着人们工作方式的转变、工作节奏的加快，碎片化的时间不足以接收耗时较长或连续的信息内容。于是，一系列"微"传播平台诞生了，如微博、微信等。这样，人们便可以利用碎片化的时间来完成信息的接收与传播。

2. 新媒体的即时化属性

与传统媒体相比，新媒体有着较强的即时性。在新时代，每个人都能成为信息源，信息的即时性得到了前所未有的凸显。在面对突发性新闻事件时，微信、微博等新媒体的传播速度要远超传统媒体。其主要原因是，在突发性新闻事件中，新闻事件的当事人是发布信息速度最快的信息源，而专职记者是无法比当事人更快出现在新闻现场的。

新媒体的即时性还得益于互联网技术的发展，如摄像、照相系统，传输网络，移动媒体终端等，尤其是智能手机与5G通信技术的应用和普及。智能手机的广泛应用为人们提供了集采集、编辑、播发于一体的可随身携带的信息平台，5G通信技术为人们提供了可以随时随地传输图片、音频、视频的途径。它们的出现为新媒体即时性提供了重要保障。在传统媒体环境中，广播、电视、报刊是人们获取、传播社会公共事务信息的主要途径，但这些途径往往被电台、电视台、杂志社、报社等职业化的大众媒体组织与专业化的传播者所垄断，大部分受众只能被动地接收信息，几乎没有利用大众传媒传播社会公共事务信息或公开表达对公共事务的意见的机会。即便是那些被大众媒体选中的人，他们所发布的信息、意见也都要经过大众媒体的审核、修改。这也使得在传统媒体环境下，大众传媒传播社会公共事务信息与大众发表对社会公共事务意见的途径十分有限。

然而，在新媒体环境下，大众拥有除报刊、广播、电视之外的传播社会公共事务信息、发表对社会公共事务的意见的新途径，如手机、互联网等。其中，互联网为大众提供了贴吧、QQ、电子邮件、微博、公民新闻网等信息发布与意见表达平台，而手机与互联网的无线连接更满足了大众随时随地传播信息、发表意见的需求。

总的来说，在如今的新媒体环境下，社会大众传播信息并发表对社会公共事务意见的途径更具便捷性与多样性。

3. 新媒体的海量化属性

海量化是新媒体的另一重要属性。中国互联网络信息中心第50次《中国互联网络发展状况统计报告》显示，截至2022年6月，我国网民规模达10.51亿，较2021年12月增长1919万；互联网普及率达74.4%，较2021年12月提升1.4个百分点；手机网民规模达10.47亿，较2021年12月增长1785万，网民使用手机上网的比例为99.6%。数量如此庞大的网民通过手机和网络接收、发布信息，所产生的信息数量也是难以计数的。

在传统媒体环境中，社会公共事务信息以及大众对社会公共事务的意见主要由广播、电视、报社等传媒组织及专业的传播者进行传播，这种传播方式不仅传播途径、传播者有限，所能传播的内容也非常有限。此外，在传播渠道与传播者受限的情况下，大众对社会公共事务信息的理解与意见便容易受到文化、政治等方面因素的影响，从而影响部分内容的传播。

在新媒体环境中，信息传播变得更加便捷，人们只需要利用手机（或计算机）、网络便能随时随地在网上发表自己的所感所想；传播主体变得更加大众化，其中不仅包括传统媒体与新媒体的专业传播者，还包括处于不同社会阶层、不同职业的大众。另外，与广播、电视、报纸等传统媒体相比，新媒体的海量化属性还体现在传播内容的容量上。在新媒体环境中，大众在社会公共事务信息与对社会公共事务的意见方面的传播内容可谓海量化，仅其每天通过互联网发布的微博、帖子的数量就十分惊人。在传统媒体环境中，经济、政治势力容易对大众传媒组织、传播渠道、传播者进行控制，但在新媒体环境中，想要完全控制社会公共事务信息的传播与大众意见的表达几乎是不可能的。所以，新媒体环境中有关社会公共事务信息的传播和大众意见的表达不仅海量化，而且呈现出复杂化、多样化特点。

简言之，在新媒体环境中，社会公共事务信息的传播与大众对社会公共事务意见的表达发生了深刻变化，而其最显著的特征便是传播渠道的便捷化与传播内容的海量化。

（二）新媒体的特点

1. 传播主体大众化

由上述内容可知，传统媒体下的社会公共事务信息的传播是一种点对多的传播，主要由广播、电视、报刊等大众传媒负责，传播主体十分有限。而大众对社会公共事务的意见，或由大众传媒表达，或由少数被大众传媒选中的人表达。

在新媒体环境中，人们可以利用手机、网络公开表达自己对社会公共事务的意见。同时，随着科学技术的不断发展，大众可以随时随地用摄像机、手机等设备记录并发布自己的所见所闻，可以像专业传播者一样获取某个新闻事件的第一手资料，并对其进行报道、评论。从某种意义上来说，新媒体将我们带入了"全民传播"的时代，它改变了"点对多"的传播，实现了社会对大众的"多对多"的传播，使社会大众逐渐从信息的接收者转变为信息的传播者、意见的表达者。在有关社会公共事务信息的传播与意见表达上，除了大众媒体与专业的传播者外，还有大量网民，这使传播主体变得更加多样化、大众化。

2. 传播速度快

作为新媒体的一种，自媒体在传播速度与传播广度方面具有一定的优势。

而它的这种优势主要源于其全民参与的特性，即人人都能成为新闻事件的采访者、传播者，只要有自媒体的参与，便能快速完成信息的发布。相比之下，传统媒体则需要经历现场采访、制作、发布等程序。因此，在时效方面，新媒体要优于传统媒体。

此外，传统媒体是单向传播的，这种传播方式属于静态传播，不具备流动性，具体表现为传播者在特定的时间将信息传播给受众，在此过程中，受众只能被动接收信息而无法做出反馈。而新媒体则是双向传播的，即每个人都能通过新媒体成为信息的发布者，并围绕该信息进行互动交流。

3. 个性化

新媒体独特的传播方式使得每个人都能以信息发布者的身份发表自己个性化的观点、传播信息，至于信息的内容与形式，则完全由发布者自己决定。这种个性化的传播方式在为使用者带来能够影响其他人的满足感的同时，也在一定程度上增加了管理的难度。

4. 交互性

新媒体采用双向互动与反馈机制。在这种条件下，人们既可以是记者，又可以是信息的发布者，每个人都同时扮演着信息制造者、传播者以及评论者等角色。在新媒体环境下，信息的传播以秒为单位，可以打破时间、空间的限制，可以即时发布信息、更新信息，使信息实现了实时交互与即发即收。长期以来，虽然传统媒体在增强与受众之间的交流、互动方面做出了很多努力，但在自身机制体系的限制下，还是难以实现较大的突破，自身传递给受众的信息较多，而受众传达给自身的信息较少。新媒体不存在传统媒体的诸多限制，每个人都可以成为信息传播的参与者，自由表达自己的想法、观点，信息的传递与反馈呈网状结构。

5. 移动性

新媒体的移动性主要得益于无线移动技术的出现。如今，利用手机收听广播、浏览资讯已经成为人们日常生活中非常普遍的事情。对传统媒体而言，信息发布前需要经过剪辑、制作、排版等一系列流程；而对新媒体而言，技术方面的优势使其实现了信息化全球范围内的实时传播。

6. 平民化

在自媒体出现之前，传统媒体为了在激烈的竞争中取得优势，逐渐从平民化转变为精英化，从而产生了许多大型传媒制作播出（发布）机构、大型跨国精英集团,中小型媒体凭借地域优势占据了少数市场。精英化的传统媒体给相关从业者设置了较高的准入门槛。而在自媒体中,人人都能成为参与者,且不需要专业技术培训与资质,只需一部连接网络的手机或计算机就能够接收、发布、评论信息。正是因为这一点,自媒体也被人们叫作"公民媒体"。

7. 信息接收者拥有自主选择权

在传统媒体环境中,受众往往处于被动接收信息的状态。在报纸、报刊方面,报纸、报刊刊登什么内容,受众就只能接收什么内容的信息;在广播电视方面,受众也要受限于内容和时间。新媒体能够使受众享有更大的自由,它能够利用先进的技术手段给受众带来时间、空间维度的自由,受众可以自由选择想了解的信息、发布自己的信息。

8. 信息海量化

新媒体具有较高的资源共享度与信息开放性,它以世界范围内的海量信息为储存内容,并建立了相应的信息数据库;以全世界的网民为受众,信息的接收者同时也是信息的传播者、发布者。这样的共享机制在极大程度上拓展了信息的来源渠道,提升了传播内容的丰富程度,使得海量信息、大数据传播成为可能。

9. 融合程度高、传播立体化

新媒体以互联网为信息传播载体,利用先进的技术将图像、文字以及声音等内容融合在一起,让信息传播更加立体化、信息内容更加直观。

三、内容融合

(一)传统广播电视媒体的主要节目内容

由于传统媒体与新媒体的融合主要体现在电视方面,所以下文将围绕传统电视节内容与新媒体的融合展开论述。

电视栏目是电视节目的编播方式。其中"栏目"一词是从报纸中借用过来的。报纸中的栏目指的是由同一类别的题材、主题、风格的稿件构成的较为集中的板块。"电视栏目"是电视制作、播出的一种基本衡量单位,它指的是由电视台定期、定时编播的具有特定对象或内容的电视节目。虽然电视媒体逐渐走上了经济效益、社会效益并重的发展道路,但目前还未形成相对科学、系统的节目体系、标准。下面将结合几种较为常见的电视节目分类体系,对传统广播电视媒体的主要节目内容展开论述,如图4-5所示。

第四章　广播电视新媒体发展

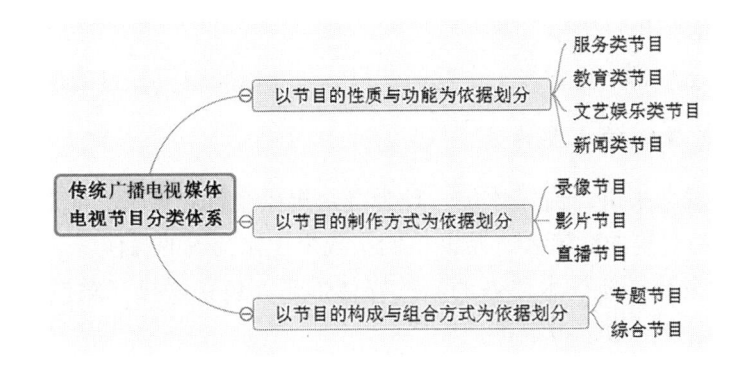

图 4-5　传统广播电视媒体电视节目分类体系

1. 以节目的性质与功能为依据划分

（1）服务类节目：这类节目有广义与狭义两层含义。从广义上来说，它指的是所有传递信息、为大众提供服务的节目；狭义上来说，它指的是为受众提供具体服务的节目。

（2）教育类节目：向受众提供科学文化知识及其他方面教育的电视节目。这类节目主要通过社会教育节目与教学节目两种形式来实现教育功能。其中，社会教育节目的形式与内容相对丰富一些，受众范围也更加广泛；而教学节目主要应用于个人自学、远程教学、课堂教学中。

（3）文艺娱乐类节目：通过电视手段来满足人们情感需求的文艺性、娱乐性节目。

（4）新闻类节目：各类电视新闻节目的总称，指的是通过电视手段对近期发生或正在发生的事件进行评论或报道的节目。

2. 以节目的制作方式为依据划分

（1）录像节目：将要播出的内容提前录制在录像带上，需要播放时再用磁带播出。

（2）影片节目：一种用摄影机与胶片制作并在电视上播出的节目。

（3）直播节目：现场拍摄直接播出的节目。在录像设备应用之前，电视节目只能采用直播的方式播出，而如今的直播则注重即时传播。

3. 以节目的构成与组合方式为依据划分

（1）专题节目：这类节目往往在体育、艺术、卫生、文教、法律、军事、政治、经济等领域选取一个方向，并围绕该方向中的某一角度，相对集中地阐明某个主题，形成各种类型的专题。专题节目的内容通常围绕社会热点问题，所以节目的主题相对集中、单一。

（2）综合节目：包含多个主题的节目，主要以频道或栏目的形式存在。

（二）新媒体的主要内容

从某种意义来讲，新媒体是一种为受众提供个性化服务，将信息传播者、接收者转变为对等的交流者，帮助他们实现个性化交流的媒体。

新媒体是基于新技术体系的新的媒体形态，包括手机、触摸媒体、数字电视、移动电视、数字报纸等。

（三）传统广播电视媒体与新媒体的相互借鉴

1. 对传统电视而言

在新媒体的强力冲击下，传统电视想要得到更好的发展，就需要从以下几个方面入手：

（1）制作精品节目。制作精良的电视节目是电视台得以持续发展、不断壮大的关键，因此传统电视台应致力于节目制作，不断为受众提供高质量的电视节目。以生活服务类节目为例，传统生活服务类节目往往只是信息或者广告的简单播报，这样的内容播放形式容易使观众感觉无聊，从而影响生活服务类节目的服务职能的发挥。在新媒体环境下，各种各样的网络数据和网络信息充斥着人们的生活，一些趣味性的视频和图画满足了人们的视觉观赏需求。电视生活服务类节目要想在这样的形势下得到可持续发展，就要对播出的内容和形式进行创新。例如，改变生活服务类节目传统的播放形式，通过一些故事、小品表演和其他演出形式来展现生活服务的信息引导，对于节目中插播的广告也应该运用更加精美的画面以及更加多样的形式进行播出，这样才能吸引观众的眼球。

（2）打造权威平台。权威性是传统电视台的重要优势。对此，传统电视台应充分发挥这一优势，有所担当，敢于发声，在受众心中树立起权威媒体的形象。

（3）发展新媒体。新媒体在传播范围、速度以及满足受众精神需求等方面具有诸多优势，传统电视台应充分结合自身特点与需求，将新媒体作为自身播出方式的有益补充，从而开辟新的传播方式、途径。

2. 对新媒体而言

虽然新媒体的出现，挤占了传统媒体的市场，但其大量的原创性首发报道仍然来源于传统媒体。所以，新媒体应积极借鉴传统媒体的优势，不断提升自身的内容生产力。

此外，虽然新媒体在新闻信息的发布、更新方面具有一定的优势，但在新闻报道的广度、深度方面还与传统媒体存在较大的差距。在这种情况下，新媒体应该在新闻的采访、调研方面投入更多的精力，以此来为受众提供内容更加深刻的新闻报道。

3. 早日建立专业化的新闻传播理念与运作机制

20世纪中叶，为了更好地解决新闻报道中的煽情化、浅薄化等问题，西方社会提出了"新闻专业主义"概念。其强调传媒作为一个独立的社会子系统的收集、整理、传播信息的功能和责任，在此基础上，它还包括一套关于新闻媒介的社会功能的理论、一系列规范新闻工作的职业伦理、一种服务公众的自觉态度等。这一概念着眼于受众的知情权和接近权，以"公正、公开、公平"为目标取向，强调社会责任意识。虽然"新闻专业主义"只是一种理想状态，但它却对更好地实现媒介功能有着重要意义。

为了使"新闻专业主义"的理念与原则得到深入贯彻，传统媒体先后建立了许多运作机制，如制定行为准则、创设专业协会、设立新闻评议制度等。另外，传统媒体还汇集了一大批优秀的新闻工作者，这些新闻工作者不仅接受过新闻传播方面的专业化培训，还接受过职业道德与规范方面的教育。

传统媒体内部新闻传播理念与运作机制的形成与不断完善，使传统媒体在新闻传播工作中获得了一定的公信力与权威性。这也成了传统媒体的一大优势。新媒体应该向传统媒体学习这一点，不断完善自身的传播理念与运作机制。

4. 培养品牌与知名度

对传播媒体而言，品牌代表着一种超越时空的文化与品位，好的品牌会对受众产生较大的吸引力与影响力。大部分传统媒体都经历了长时间的经营与发展过程，在受众群体中具有不同程度的影响力与知名度，特别是在竞争日趋激烈的传媒市场中，品牌对公众的影响力在一定程度上提升了传统媒体的市场竞争力。

当然，品牌优势并非一成不变。特别是在面对新媒体的巨大冲击时，为了维持并扩大自身的这一优势，传统媒体更应该进行品牌再造，不断提升自身品牌的价值，如通过品牌延伸的策略来实现品牌强化，提升市场份额。目前，多家电视台、广播、报纸都采用了创办同名网站的方法来推动自身向新传播领域的品牌延伸。

总的来说，虽然传统媒体被新媒体挤占了部分市场份额，但其自身仍然具有品牌、权威性、资源、人才等方面的优势，这些也是传统媒体实现进一步发展的关键。而新媒体想要在新兴传媒产业中获得优势，就需要培养自身品牌，提高知名度，形成自身的核心竞争力。

四、技术融合

（一）传输技术的融合

传输技术的融合主要包含互联网技术与通信技术两方面。

1. 互联网技术

近年来，随着社会的发展与科技的进步，互联网技术逐渐成为人们获取信息的重要渠道。2022年发布的《中国互联网络发展状况统计报告》显示，我国网民规模达10.51亿，互联网普及率达74.4%。而无线网络、5G网络的普及进一步扩大了我国网民的规模。

互联网起初主要作为信息查询的工具，后来逐渐发展为信息发布和交流的平台。如今，运用互联网已经成为许多年轻人的工作方式、生活习惯，甚至是整个社会的重要发展趋势。对此，我们可以从电子商务、社会生活以及科学研究三个方面来讨论互联网的应用。

（1）在电子商务方面，互联网的应用使得很多线下店铺逐渐转到了线上，这不仅在较大程度上迎合了年轻人的消费需求，而且使得很多创业人群与传统企业实现了在线从商。

（2）在社会生活方面，互联网支持各种休闲活动的查询、选择。人们不仅可以根据自身需求调整在线时间段与查看的内容，而且可以在线选择不同的平台、站点，进行在线互动或分享信息。

（3）在科学研究方面，计算机的出现、互联网的应用为科学研究提供了较大的便利。

2. 通信技术

作为比较基础的一种互联网应用，即时通信在PC端与手机端的使用率位居第一。在智能手机不断普及与价格下降的情况下，手机即时通信的使用率逐渐超过PC端。截至2022年6月，我国短视频用户规模达9.62亿人，较2021年12月增长2805万人，占网民整体的91.5%；即时通信用户规模达10.27亿人，较2021年12月增长2042万人，占网民整体的97.7%。在通信基础设施不断完善的同时，移动用户的数量也在不断增长：截至2022年10月，全国共有移动电话用户数 16.82 亿户，较 2022 年 9 月增加了 51.7 万户，同比增长 2.52%；移动电话用户普及率为 119.1 部/百人。

随着互联网经济、大数据时代的到来，通信工程在国民经济中发挥的作用也越来越大，所以它的发展将会对我国人民生活水平的提高以及国民经济的增长产生直接影响。

众所周知，中国联通、中国移动以及中国电信是我国的三大主要通信运营商，它们肩负着实现我国通信技术创新发展的重要使命。同时，这三家公司也将在未来迎来更加激烈的竞争，而赢得竞争的关键并不只有价格，还有服务质量与技术优势。近几年，我国通信技术水平持续上升，使广大受众的生活变得越来越丰富，未来，运营商们更要发挥创新精神，不断开发出新的，更加便捷、稳定的通信技术。

此外，通信制造业也被包含在通信工程的范畴之内，所以发展通信制造业包括建设通信站、制造 IP 网络设备和入网设备以及开发新的移动终端等。通信制造业的发展不仅能为通信工程带来新的经济增长点，而且能更好地促进国民经济的发展。

（二）交互方式的融合

1. 传统媒体环境下的电视交互方式

在传统媒体环境中，我们可以通过遥控器上的按键来切换自己想看的电视节目，调控电视音量的大小或者玩一些小游戏。

2. 新媒体环境下的电视交互方式

交互式网络电视是一种集通信、多媒体、互联网于一体，通过宽带有线电视网向受众提供各种交互式服务的技术。交互式网络电视在交互方面具有较强的灵活性，主要体现在它能够以单播、组播、广播等多种形式发布电视节目，并灵活地实现节目编排、计费管理、快进、快退等功能。不仅如此，交互式网络电视还支持电子理财、电子邮件、网络游戏等多种网络业务，实现了网络业务与电视服务之间的融合，这些优势使其在未来的行业发展中拥有较强的市场竞争力。

交互式网络电视使得受众拥有较大的自由空间，他们可以根据自身的喜好、需求，在节目间与节目内进行选择。交互式网络电视在电视与受众之间建立了一种双向联系，在为受众提供电视节目信息的同时，也能让受众对该信息做出回应。

在新媒体环境下,各电视台纷纷推出了手机客户端的影视视频平台。以中央电视台推出的央视新闻手机客户端为例,它是中国网络电视台在充分结合移动互联网信息传播与手机终端特点的基础上设计、研发出来的。

在新闻报道方面,央视新闻手机客户端继承了央视在应对突发事件时的快速响应能力,以自身强大的影响力与遍布全球的记者资源为基础,24小时滚动更新,竭力在第一时间为受众带来权威的政府消息、现场独家报道等。

在表现形式方面,央视新闻手机客户端与电视进行深度融合,以视频为主、图文为辅,为用户提供电视新闻导读、新闻现场独家视频、知名新闻栏目点播、新闻直播等,抓住用户时间碎片化与手机使用随身化的特点,建设全方位的新闻报道体系。

在内容方面,央视新闻手机客户端重视现场、观点、证伪等的独家原创性,通过记者视角深入挖掘、解读新闻事件的真相。

(三)媒体属性的融合

1. 新媒体在政治领域的作用

新媒体在政治领域的作用主要包括以下几点:

(1)监督政府。众所周知,媒体对民主政治的运行具有监督作用,一旦媒体曝光了民主政治运行过程中的不良事件,便会在全国引起巨大的轰动。

(2)设置议程。媒体可以通过突出报道某些社会问题,使这些问题引起群众的重点关注,由此便能促使问题被纳入政府的议事日程。

(3)政治社会化。作为一种不可或缺的社会力量,媒体是除了日常经验外人们获取信息的主要渠道,所以民众更容易接收媒体传播的观点分析、评价,进而形成某种特定的政治倾向与态度。

(4)影响舆论。媒体不仅是简单地报道舆论,而且通过对某件事的报道引起大众的关注,并引导更多的人对此事发表自己的观点与看法。

(5)传播信息。媒体是一种比面对面沟通更加有效的政治沟通工具。媒体可以向社会传播各种政治信息,为公民的政治参与奠定重要基础。

2. 以媒体跨界合作看属性融合的探索

在媒体跨界合作方面,比较有代表性的是央视新闻与知乎之间的合作。央视新闻推出了《相对论·中国式现代化实践蹲点观察》,该节目将观察视角投向了"村BA"的举办地贵州黔东南台江县台盘村,有关"村BA"的采访与观察从央视新闻手机客户端、央视新闻官方微博同步到了"知乎"。与此同时，知乎也开展了《村 BA 火了，然后呢》的线上圆桌讨论。

央视新闻《相对论·中国式现代化实践蹲点观察》栏目之所以选择与知乎合作，看重的恰恰是其平台长年深耕的优质答主。知乎独特的信息交互方式，使得某些严肃话题可以在较为宽松的话语空间里得到充分讨论，从而产生理性、专业的有益信息和多元观点。针对这次"村 BA"议题，央视新闻通过视频产品发起社会话题，知乎平台通过圆桌形式发起讨论话题，不同平台，相同的议题设定，彼此加持、映射。知乎给予央视新闻《相对论·中国式现代化实践蹲点观察》真实、有效的议题反馈，为其后续报道提供方向；央视新闻则为知乎带来了热门话题，知乎的参与提升了该话题的讨论价值。

央视新闻与知乎的这次跨界合作，通过热门话题，引发了广大网友的严肃思考、深度交流，使其在交流的过程中找到了志同道合的知友，即便是陌生人，也在理性、专业的原则下进行了一场场高质量的深度讨论。这些讨论行为的实现得益于知乎这一新媒体平台与央视新闻之间的属性融合。

通过央视新闻《相对论·中国式现代化实践蹲点观察》栏目组与知乎的合作，我们可以发现，随着内容生产优势的愈发清晰，优势互补、强强合作逐渐成为媒体平台的重要发展方向。各种内容生产机构正在从"平台内部小融合、技术平台中融合"向"互联网＋跨平台＋跨界"的"媒体大融合"积极转化。

五、制作融合

新媒体的出现不仅给传统媒体带来了巨大冲击，而且引发了媒体从业人员对工作的深入思考，传统媒体与新媒体在制作方面也逐渐从泾渭分明向彼此融合发展。这种融合具体表现为：传统媒体与新媒体传播内容的平台与表现形式不再存在绝对差异，媒体工作者不再只属于传统媒体或新媒体其中的一个，媒体传播内容的制作理念与方式也不再有过多的局限。制作方面的融合促进了行业内人员的流动，是传统媒体与新媒体融合发展的重要内容。

具体而言，传统媒体与新媒体的制作融合首先是制作者的融合，也就是媒体市场部人员、运营部人员、内容传播者、内容制作者等传媒从业人员在不同的媒体环境中的流动。传媒从业人员可能会由于各种原因变更自己的工作单位，这样就会形成媒体工作人员的流动，新的员工会为媒体单位带来新的制作理念，进而推动传统媒体与新媒体的融合。

其次是制作理念的融合。除了上文提到的制作者的融合会促进制作理念的融合之外，一个新的、成功的企业往往会伴随着新的制作理念与运作理念，而这个成功的企业也会被其他企业所效仿，与此同时，其制作理念也会得到快速传播，甚至成为行业内的标杆，这同样是制作理念融合的方式之一。

最后是表现形式上的融合，表现形式指的是媒体在受众眼中的样子。例如，在人们的固有思维中，广播要通过收音机收听，电视节目要通过电视收看。但如今，人们只需利用手机就能够收听广播、观看电视，这便是传统媒体与新媒体在表现形式上的融合。事实上，表现形式的融合并非人们为了标新立异故意为之，而是科学技术手段不断发展、传统媒体与新媒体的表现形式日趋相似的必然结果。

（一）制作者融合

在互联网时代，媒体日趋融合，信息爆炸式增长，这对媒体工作者提出了新的要求，即媒体工作者首先要做的就是在时代不断变化的过程中保持良好的心态，顺应市场需求，其次要不断更新自身的知识体系，既要学习本行业的专业知识，又要掌握与之相关的知识，如相关媒体的特点、形态等，使自己朝着复合型人才的方向发展。以记者为例，他们不仅要做到精准报道新闻事件，而且要善于提炼信息、编写评论、编排策划等。媒体的融合给媒体工作者带来了挑战与机遇，使得媒体制作者的融合成为可能。

对媒体而言，人是其不断发展的重要动力，媒体融合对全体媒体从业者提出了新的要求，而新媒体环境下的媒介素养更是每一位传统媒体工作者在传统媒体转型过程中所应具备的基本素质。随着移动互联网时代的到来，受众对媒体内容的要求也越来越高。现在，那些上千字的文章需要通过几十个字或者标题式的导语来吸引受众的目光，受众完全掌握了阅读的主动权。这一点也要求媒体工作者具备更加全面的素养，除了扎实的文字功底，还有对新媒体信息的获取、运用、解读的能力，视频编辑能力，图片软件使用能力，等等。而媒体负责人需要洞察传媒行业的发展趋势，勇于做出决断并承担责任。此外，融合是一种没有前例可参考的尝试，这就要求传媒领导层知人善用，充分发挥自身的领导才能。随着媒体制作者之间的融合，相应的内容制作方式与工作方法也会进行融合。

制作者的融合指不同观念、不同性别、不同年龄的工作者共同工作、彼此交流。以电视行业为例，未来，电视行业需要更多年轻人的加入，由他们运用年轻人的工作思维与审美眼光去探索电视节目的发展方向。以浙江卫视为例，它打造了一支年轻化的团队，而这支团队将逐渐成长为其实现"未来电视战略"的一把利剑。除了年轻化的团队之外，浙江卫视还给年轻人提供了充分的发展、创作空间，其更加全面的人才培养、培训系统为年轻人接触国内外优秀电视制作理念与技术提供了机会。另外，频道内资历较深的领导与员工为年轻员工把关导向意识，统领价值内容，使得年轻员工能够放手一搏、大胆创新。

媒体制作者的融合需要不同工作者勇于提出各自的想法、彼此交流、相互借鉴，一同为广大受众制作出更加精良的节目。

（二）制作理念融合

理念融合是媒体融合的本质，它不仅包括媒体内容制作理念的融合，而且包括媒体从业者都能意识到媒体融合的必要性并跟随媒体的发展趋势，既能对媒体融合进行总结，又能为媒体的未来发展谋划方向。从宏观角度来看，为了保证媒体未来的发展道路不偏轨，媒体工作者需要秉承以下三个重要理念。

1. 贯彻"顶层设计"，落实国家战略

互联网技术的不断发展促使新闻传播的产业格局、媒体业态、产品形态、运行机制、生产流程等方面发生了极大的变化，同时在很大程度上影响了世界政治、经济、文化格局。在我国，"融合发展"上升到了国家战略层面。也正是这一高瞻远瞩的战略部署与顶层设计，加快了我国主流媒体融合发展的步伐。

2. 依托"物质基础"，发展比较经济

由于数字接入成本高昂，不同国家之间的"数字鸿沟"将会不断扩大。但在此过程中，无论是相对于发达国家，还是相对于其他发展中国家，中国都处于比较有利的地位。在综合国力日益强大的情况下，我国媒体在全球的影响实现了历史性飞跃。如果说融合发展为新一轮全球媒体竞争提供了一种新的历史条件，那么我们在这个竞技场上拥有了更强大的实力支撑。

3. 乘"互联网大势"，实现此消彼长

如今，"高铁、网购、支付宝、共享单车"，已经变成在华外国人心目中的中国"新四大发明"，其中，除了第一项，其他三项都是互联网的产物。由此可以看出我国互联网发展的强大态势。中国媒体是中国互联网的生动讲述者、忠实记录者，也是中国互联网的重要参与者与直接受益者。互联网已经成为促进我国经济转型、消费升级以及各领域深度融合的重要推动力，这是中国媒体依托国家互联网战略推进融合发展的重要背景。近年来，我国主流媒体的新媒体发展指标高于部分发达国家。网络新媒体的发展客观上削弱了发达国家强势媒体的传统优势，为我国国际传播能力与国际话语权的提升提供了重要机遇。

与传统媒体相比，新媒体更加注重"新"这一理念，强调节目新、模式新、内容新。在主题策划与节目编排方面，新媒体坚持将节目的创作理念化、团队化；无论是策划节目还是筛选主题，新媒体都有着专门的理论模式，其创作发行等环节也更加贴近大众生活。

随着传统媒体与新媒体融合发展进程的不断加快，虽然传统媒体在技术上取得了较大突破，已经和新媒体几乎没有差异，但二者技术层面的融合还远远不够，想要实现更深层次的融合还需要从制作理念的融合入手。例如，"全媒体"并非"大而全"，而是要在"全"中找到自己的特色，形成自己的拳头产品。另外，"全"也并不意味着所有的事情都要由自己负责，而是做自己擅长的部分，利用别人的技术、资源来完成自己不擅长的部分。

作为时代的风向标，媒体有着自己的价值体系，这种体系会逐渐融入时代精神与时代理念。对媒体而言，只有充分结合时代特色形成自己的制作理念，并积极融合其他先进的制作理念，才能使自身的竞争力得到持续提升。

（三）表现形式融合

当传统媒体意识到新媒体的优越性后，便开始大力发展互联网平台，积极开展与新媒体间的合作，不断通过新媒体技术提升自身的竞争力。事实证明，这些举措对传统媒体与新媒体的融合发展起到了积极的促进作用。

传统媒体发展新媒体的原因主要有三个：一是进一步发挥自身的内容优势，二是满足受众的需求；三是提升自身竞争力。

下面将以中央电视台为例来阐述传统媒体是如何在表现形式上向新媒体靠拢的。

中央电视台新媒体的发展主要体现在央视网的建设上。作为全国广播电视体制改革的首个试点与事业转企业的成功范例，央视网发展于 2006 年，中央电视台通过成立网络资源整合小组，启动了中央电视台网络资源整合工程。同年 4 月，中央电视台网络传播中心/央视国际网络有限公司正式成立。央视网以图文为基础，以视频为核心，以互动为特色，积极把握每个发展机会，不断提升自身的影响力与网络视频传播能力。在互动方面，央视网将互联网特色与电视特色相结合，顺应社区化发展趋势，建立搜视社区，为中央电视台的纪录片、电视剧、动画片等提供良好的互动空间，除此之外还成立了新闻社区。在多终端建设方面，央视网先后开通了手机电视、车载电视、IP 电视，形成了多终端立体化的传播格局。

在传统媒体与新媒体表现形式的融合方面，还有着许多鲜活的例子。在中央全面深化改革领导小组第四次会议审议通过了《关于推动传统媒体和新兴媒体融合发展的指导意见》后，媒体融合就成了一项重要的国家战略。于是，为了推进媒体融合发展，各大媒体采取了一系列措施，其中包括改革新闻生产的体制机制、优化采编发的运行流程等，一时间，媒体行业呈现出百花齐放的景象，同时涌现出了一批质量高、影响范围广、深受大众喜爱的融媒体作品。其中最具代表性的莫过于人民日报客户端推出的《习近平元宵节问候》，这项融媒体"产品"一经发出，便引起了众多网民的关注，并获得了上亿次的全网点击量。

由此可见，传统媒体与新媒体在表现形式方面的界限变得越来越模糊，这也在一定程度上促进了传统媒体与新媒体之间的融合。

六、营销融合

（一）传统媒体内容分发渠道

"传统媒体"这一概念是相对于近些年来兴起的网络媒体而言的。传统媒体的大众传播方式为通过某种装置向社会定期发布消息或提供教育娱乐平台。传统媒体存在时间与空间条件的限制。传统媒体的内容分发渠道主要有以下几种。

1. 印刷媒体渠道

印刷媒体渠道指的是以杂志、报纸等纸质媒介为主的传播渠道。这类渠道具有信息传递及时、可信度较高、成本较低、制作便捷等优势。

2. 视听媒体渠道

视听媒体渠道指的是以广播、电视、电影为主的传播渠道。这类渠道具有传播迅速、覆盖面广等优点，同时具有直观性、保留性较差，感染力较弱，稍纵即逝，不便于查询等不足。

我国传统媒体目前面临的主要问题并不是内容生产与内容价值的问题，而是内容分发渠道单一的问题。在互联网的强烈冲击下，纸质媒体与广播电视媒体纷纷因为内容分发渠道单一而出现渠道失灵的问题。

互联网时代的到来使得媒体传播渠道的内涵与外延发生了较大变化，这种变化集中表现为传播渠道的功能与作用在超出传送内容的范畴的同时，也超越了信息通道的概念。新的传播渠道所提供的服务主要取决于网络、终端等。

首先，传播渠道是以信息传输网络为基础建立的，在信息传输网络中，通信网与电视网都属于物理网，而互联网属于虚拟网，它具有网状的分布结构，其中的每个网络结点都能衍生出新的传播渠道，如手机以及各种社交媒体上的社交账号。这类传播渠道的终端是传播的出口，也是用户的入口。

其次，传播渠道在信息传输的过程中不仅要依赖硬件设备，还要依托各种软件提供的信息服务，甚至出现了 OTT 模式。此处的 OTT 模式指的是利用互联网向用户提供各种服务。这种模式仅利用运营商的网络，而服务由运营商之外的第三方提供。

（二）新媒体内容分发渠道

新媒体涵盖了数字报纸杂志、数字电视、移动端媒体、网络媒体以及数字化的传统媒体等所有数字化的媒体形式，它是一个相对的概念，即广播、电视、报纸等传统媒体的新的媒体形态。

新媒体也是一个非常宽泛的概念，即通过卫星、无线通信网、宽带局域网、互联网等渠道，以及数字电视、手机、计算机等终端，为用户提供信息与娱乐服务的传播形态。从严格意义上来讲，我们应该称新媒体为数字化新媒体。

新媒体的内容分发渠道以网络渠道为主，具体如图 4-6 所示。

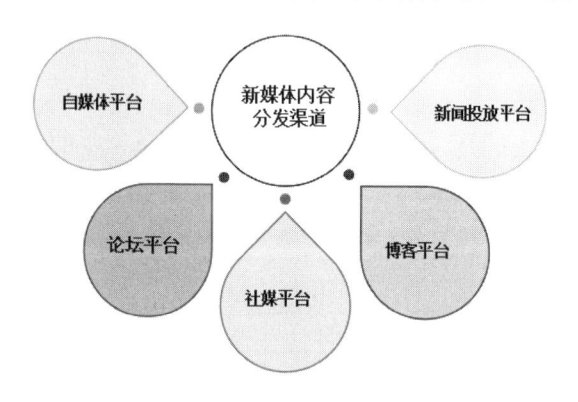

图 4-6　新媒体内容分发渠道

1. 自媒体平台

自媒体平台包括今日头条、微博、微信公众号等。

2. 论坛平台

论坛平台包括天涯论坛、百度贴吧等。

3. 社媒平台

社媒平台包括网络直播平台、微博大号、微信大号等。

4. 博客平台

博客平台包括 QQ 空间、豆瓣、新浪博客等。

5. 新闻投放平台

新闻投放平台包括凤凰网、新浪、网易、腾讯等。

大部分新媒体都支持根据用户属性进行选择投放平台，在投放之前确定目标用户群体，便可以大大提升投放的精准度。

虽然新媒体的内容分发渠道非常广泛，但也伴随着缺乏权威性的问题。想要解决这一问题，就需要促进传统媒体与新媒体之间的融合，使新媒体平台朝着专业化、规范化的方向发展。

（三）传统媒体与新媒体融合带来营销方式的优化

渠道与公信力方面的问题是传统媒体所面临的主要问题，而解决这些问题的关键就是实现传统媒体与新媒体的融合。传统媒体可以选择自己做平台、网站等，但这种方式的成功率较低且机会有限，而通过与新媒体融合的方式，可以很好地实现优势互补。

新媒体以网络为依托，以先进技术为手段，为广大受众提供了更加便捷的信息传播渠道。当发生某种突发性事件或重大新闻后，传统媒体可能会受到时间、空间上的限制而无法进行信息传播，而新媒体却能凭借先进的技术手段，如微博、手机等，将新闻事件的相关信息即时传递给受众。也正是因为这一点，新媒体可以在极大程度上弥补传统媒体的不足。

以微信的摇一摇看电视功能为例，用户可以通过"摇一摇"搜索电视节目信息，并预约自己想看的电视节目；还能在平台上与其他用户交流，发表自己的看法。作为媒体，也可以采用这种"好内容＋好形式"的方法，借助互联网实现将内容传达给受众的第一步，而有了这一步，新媒体在与传统媒体共同构建新的服务体系与盈利模式时也就有了更多可能。

在传统媒体与新媒体营销结合的过程中，腾讯视频为我们提供了一个很好的范例。2016 年欧锦赛期间，腾讯视频与中央电视台体育频道达成战略合作协议，获得了全部赛事的直播与点播服务权。而在这次合作之前，腾讯视频就已经对体育板块进行了全方位的包装。

腾讯视频不仅为用户提供可在线观看的视频，而且对腾讯的 SNS（社交网络服务)、体育频道、微博进行了资源整合,让用户能通过多个平台观看到精彩的直播内容与点播的提示性内容。此外,腾讯视频还利用移动互联网终端实现了云视频战略。

七、传播渠道融合

(一)传播渠道的分类

按照不同的标准可以将传播渠道划分成不同的类别,见表4-1。

表4-1 传播渠道的分类

分类方式	媒体类别	具体媒体
可统计程度	计量媒体	报纸
		杂志
	非计量媒体	路牌
		橱窗
表现形式	印刷媒体	杂志
		挂历
		说明书
	电子媒体	电话
		广播
		电视
接收类型	专业性媒体	专业性说明书
		专业报纸
		专业杂志
	大众化媒体	广播
		电视
		报纸

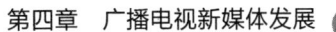

续 表

分类方式	媒体类别	具体媒体
功能	视觉媒体	邮件
		传单
		橱窗
		户外广告
	听觉媒体	有线广播
		无线广播
		宣传车
	视听两用媒体	小品
		电影
		戏剧
与内容提供者的关系	专用媒体（租用媒体或自用媒体）	个人微博
		个人
	间接媒体	公共设施
		广播
		杂志
影响范围	国际性媒体	卫星电路传播
		面向全球的刊物
	全国性媒体	全国性报纸
		国家电视台
	地方性媒体	省（市）电视台
		少数民族语言、文字的电台或电视台

续　表

分类方式	媒体类别	具体媒体
时间	瞬时性媒体	电影
		电视
	短期性媒体	广告牌
		海报
	长期性媒体	商标
		产品包装
传播内容	综合性媒体	电视
		报纸
	单一性媒体	霓虹灯
		橱窗
		报纸

（二）新形势传统媒体与新媒体传播渠道的融合

如今，互联网不断发展、用户需求不断变化，媒体行业已经迎来了新的发展形势。在这种形势下，传统媒体应该积极寻求传播渠道的融合。

在媒体融合的背景下，人民网发布的《2019中国媒体融合传播指数报告》显示，中央电视台融合传播力遥遥领先，它以内容建设为立足点，以先进技术为支撑，在媒体融合的过程中取得了较大进展。

新媒体之所以能够实现快速发展，是因为其拥有众多自生产内容的网友。新媒体信息传播的一个重要特点便是受众的广泛参与，这一点也是传统媒体无法比拟的优势之一。因为新媒体拥有遍布世界的广阔终端与网民，可以获取并发布第一手资料。对此，传统媒体可以充分发挥自身的权威性，与新媒体合作，利用新媒体互动性、即时性的优势，将信息更快地传递给广大受众，从而促进整个社会新闻事业的发展。

在信息传播方面，传统媒体是以媒体为中心进行传播的，在这种条件下，受众虽然能够自主选择收听或收看的节目，但也需要受到播出时间等方面的限制。此外，传统媒体互动灵活性较差，难以改变自身的传播习惯。而新媒体的信息传播则不同，它主要采用的是"去中心化"传播。在这种传播模式下，受众不仅可以随时随地传播信息，而且可以对所获得的信息进行及时反馈。

在满足公众总体需求方面，传统媒体凭借自身权威的传播地位、庞大的传播网络以及较高的媒体公信力，发挥着主力军的作用。传统媒体利用自身专业的新闻敏感、把关意识，选择并向受众传播有价值的信息，因此获得了广大受众的信任。虽然传统媒体具有以上优势，但它会在较大程度上受时间、空间的限制。而新媒体则不会受到这些限制，而且拥有先进的技术、海量的信息以及丰富的信息阐释方式，能够为传统媒体满足受众总体信息需求提供较大的助力。

如果传统媒体与新媒体在传播渠道方面实现了相互融合、互利共赢，便能使媒体营销形式得到进一步优化，并为广大受众提供更快、更准确的信息。

八、赢利模式融合

由于媒体不能摆脱赢利目的而单纯地进行内容生产，赢利是传统媒体与新媒体之间相互借鉴、相互融合的目的之一。然而，从另一个角度来看，不同的制作方式对应着不同的赢利模式，所以媒体制作方式等方面的融合也必然会带来赢利模式的融合；工作人员的融合也会使媒体的赢利思维发生转变。因此，传统媒体与新媒体赢利模式的融合是一种必然趋势，而且这两种媒体都会在不断摸索、研究的过程中，找到适合自身发展的商业模式。

提到传统媒体与新媒体赢利模式的融合，就不得不先从新媒体的诞生讲起。新媒体是以传统广播电视媒体为基础诞生的，再加上行业管制相对宽松，市场前景广阔，使得新媒体得到了迅速发展。在赢利模式方面亦是如此，新媒体的赢利模式也是在传统广播电视媒体赢利模式的基础上发展而来的，并在其自身强大的信息交互能力的促进下变得越来越完善。在新媒体不断发展的同时，传统媒体也在积极借鉴其优秀的发展思路，于是我们便看到了越来越多的传统媒体与新媒体互相推广以及开展商业合作的例子，这些都是传统媒体与新媒体在赢利理念层面相互借鉴的重要体现。

（一）传统媒体赢利模式

说到传统媒体，我们脑海中首先浮现的便是报纸、广播、电视等具有漫长发展过程的媒体，然而这些媒体已经逐渐从高速发展阶段步入了成熟阶段。因为已经过了成长高峰期，所以它们将面临增速减慢、收入降低的困境。而摆脱这一困境的重要前提就是理清传统媒体的赢利模式。

传统媒体作为文化信息产业的一部分，既存在报纸订阅费、电视收视费等成本主体与利润主体相吻合的情况，又存在在此基础上衍生而来的新业务，如广告业务。具体而言，传统媒体的赢利来源包括有线网与付费频道等网络业务、广告业务、内容销售以及金融、地产、旅游等产业带来的收入。但随着新媒体的出现与发展，传统媒体的发展面临着赢利方式单一、主营业务赢利困难等方面的严峻挑战。对此，开拓出一条具备新媒体与传统媒体的优点的有效赢利模式，对行业发展来说至关重要。

美国电视产业能够获得高额利润的主要原因在于其采用了多元化的赢利模式。这种多元化的赢利模式主要包含三种，分别是电视剧版权赢利、广告赢利以及相关产业赢利。其中，电视剧版权可分为网络播放版权与电视播映权，广告可分为软广告与硬广告，相关产业包括电影改编、下游产品生产等。美国电视产业赢利模式的成功为我国广播电视业的发展提供了借鉴。传统媒体获得更高的利润、产业链条保持良性发展等目标的实现，离不开相关政策的完善以及相关从业者的不懈努力。

如今，传媒行业正处于发展的关键时期，传统媒体应该积极借鉴新媒体的发展模式，树立整体经营理念，完善媒体信息产业链，不断提升自身主营业务的赢利能力，朝着多元化经营的道路发展。

（二）新媒体赢利模式

随着互联网的不断发展，各种各样的新媒体陆续涌现。由于进入门槛相对较低，新媒体的参与者越来越多，一些非媒体从业人员也能独自经营自己的媒体。在新媒体企业数量越来越多、获得投资的金额越来越大的同时，怎样在激烈的竞争中脱颖而出，成了媒体从业者及企业家需要深思的问题。

新媒体不仅改变了人们的生活方式，而且激发了新的市场需求。新媒体刚诞生时，以网络视频媒体为代表的新媒体在探索出有效的市场赢利模式前，都会先进行广告模式的探索，待自身业务发展成熟并拥有了一定的用户群体后，才慢慢摸索到与自身发展需求相符的赢利模式，并在此基础上不断完善、发展。

新媒体的出现还改变了原本单一的赢利模式，如以赠送形式让用户在订阅杂志的同时订购电影、电视、歌曲等。如今，这样的商业模式层出不穷，逐渐形成了多元复合的赢利模式。下面将列举几种常见的新媒体赢利模式，如图4-7所示。

第四章 广播电视新媒体发展

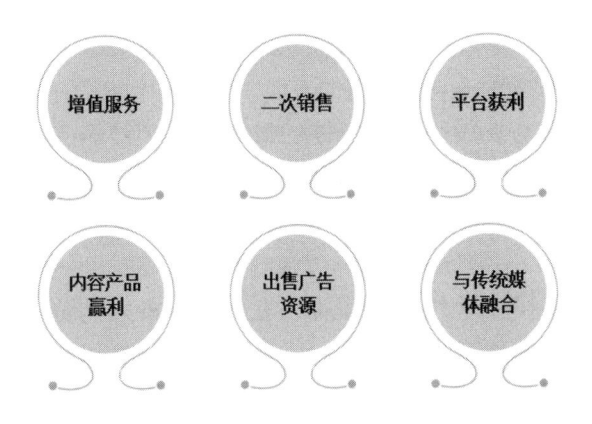

图 4-7 新媒体赢利模式

1. 增值服务

增值服务指的是以新媒体为基础,在不影响主业运营的同时向受众提供有偿服务。不同类型的新媒体,其增值服务的类型也是不同的,如个人网络出版、定向服务、网络道具等。

2. 二次销售

此处的二次销售指的是新媒体以提供内容产品的方式积累一定的受众资源,再凭借这些受众资源吸引广告主向其投放广告。在整个媒体运作过程中,一次销售是二次销售的重要基础,而二次销售所获得的收益将在一定程度上促进内容产品的优化、升级。随着网络受众消费观念的转变、网站数量的增加以及专业性的不断提升,二次销售将逐渐成为新媒体赢利的重要途径。

3. 平台获利

平台获利是指利用新媒体搭建平台,通过在该平台上开展商业活动而获取利益。新媒体的平台获利包括直播、短信、下载以及物流等。

4. 内容产品赢利

新媒体通过向用户提供有偿服务而实现赢利,如有偿参与、有偿阅读、有偿下载等。

5. 出售广告资源

新媒体可以通过出售依附其的广告资源(时间、空间等)的方式获得收入。新媒体广告有着各种各样的表现形式,其中包括网上直播、贴片、植入、动画、影视等。

6. 与传统媒体融合

新媒体的出现与发展为传统媒体的发展提供了技术支持，而新媒体在发展过程中也可以通过与传统媒体融合的方式来获取收益。新媒体与传统媒体的融合与商业合作，不仅能使两者的优势得到更充分的发挥，而且能使两者实现利润的最大化。

除了上述几种模式之外，将 IPIV、互联网等模式与普通消费产品融合起来可以开拓更大的市场。但要实现这一目标，需要从以下两个方面考虑：一方面是如何让家庭中的各种网络化产品联系在一起，使其在各司其职的同时产生更大的价值；另一方面是如何有效组织、集成各种内容，并使其为不同的终端提供不同形式的节目清单。前者需要利用一定的技术将一系列家庭网络化产品联系在一起，使某一设备成为家庭媒体的中心；后者需要媒体提供者合作起来，通过技术平台和服务接口打造国内的媒体新平台。

作为一种新的媒体形式，新媒体在结合各种媒体基本特征的基础上已经形成了相应的赢利模式的雏形。通过众多新媒体的赢利模式我们能够发现，新媒体已经呈现出了规模经济与范围经济同步增长的趋势。此外，随着技术的不断进步和媒体形式的不断发展，新媒体的赢利模式也将得到更好的发展。

（三）传统媒体与新媒体赢利模式的融合

下面将以报刊为例来阐释传统媒体与新媒体赢利模式融合的理念与方式。以前的报刊以出售书籍、报纸为主要收入来源，后来逐渐通过发布广告的方式来增加收入；如今的报刊以广告为主要收入来源，但现在的广告大部分都投放在网络上，由此逐渐出现了电子报刊，企业在察觉到这一信息后，采用报刊与电子报刊相结合的方式进行经营，有效扩展了自身的赢利渠道。由此可知，传统媒体与新媒体的融合并不是人们刻意为之，而是大势所趋。随着科学技术、互联网的不断发展，新、旧媒体想要得到更好的发展，就必须彼此融合、互相借鉴。

在传统媒体漫长的发展过程中，广告收入始终是其最主要的赢利模式。但在新媒体迅速发展、媒体市场竞争日益激烈的今天，单一的赢利模式必然会阻碍、影响媒介产业的发展。

数字化媒介的诞生与发展对媒介产业以及人们的生产生活产生了巨大影响。在这种情况下，传统媒体应该直面挑战，把握机遇，不断追求创新，积极探索新的赢利模式，力求实现突破性发展。

在新时代，传统媒体想要实现赢利就应树立以下几个重要理念：

第一，坚持内容为王，提升赢利能力。从产业角度来看，传媒产业只有制作出具有一定价值且对受众产生较大影响的内容，才能实现赢利。媒体的内容与赢利模式之间的良性互动有利于媒体的可持续发展。所以，媒体想要具备良好的赢利能力，就需要从内容入手，通过打造高质量的内容不断提升赢利能力。

第二，坚持多元化发展道路，拓展赢利空间。在很长一段时间内，广告经营都是媒体经营的核心，同时广告市场也发挥着经济发展"晴雨表"的作用。当经济发展情况较差时，广告市场也最先受到冲击；广告投入变少，媒体的赢利情况便会受到影响。此外，随着工资水平的提高与物价的上涨，媒体的成本也会增长。所以，想要调整、优化媒体的赢利结构，就不得不改变原本单一依托广告赢利的模式，在大力扶持主业的同时，积极开展多元化经营，关注形式产品与延伸产品的开发，从而有效降低广告收入在全部收入中的比例。

第三，树立跨媒体经营理念，开辟传统媒体赢利的新渠道。传统媒体的跨媒体经营主要涉及两方面：一方面是传统媒体与新媒体之间的跨越，传统媒体充分发挥自身优势，力求在新媒体领域占据一席之地；另一方面是广播、电视、杂志、报纸这几种传统媒体介质之间的跨越，即打造一个新的综合媒体平台。

对传统媒体而言，新媒体的诞生既是挑战也是机遇。在新媒体不断发展壮大的同时，许多传统媒体纷纷采用了跨媒体经营的方式，利用与新媒体的融合，使自身成功转变为数字化多媒体传播平台。

总的来说，传统媒体与新媒体赢利模式的融合就是要通过一系列新的理念、方法，使传统媒体发生质变，最终成为现代的综合性新型媒体。

九、大数据融合

如今，互联网已经渗透到了经济、政治、社会生活等各个方面，而媒体的创新与发展自然也离不开它。金融、旅游、交通等行业通过大数据挖掘出了巨大的潜藏价值，与此同时，媒体行业的认知也在改变，开始摸索着向大数据时代前进。

在利用大数据方面，以互联网为基础的新媒体具有得天独厚的优势，所以也有人将新媒体称为数据媒体。对此，传统媒体自然不能坐以待毙，而应该利用大数据积极进行转型。一方面，传统媒体可以采取合作或收购的方式来获得数据资源。以浙江日报报业集团为例，它以30多亿元的价格收购了盛大旗下的杭州边锋网络技术有限公司与上海浩方在线信息技术有限公司，获得了拥有 3 亿名注册用户与 2000 多万名活跃用户的游戏平台。另一方面，传统媒体还可以通过自身的政治资源来获得优质数据。例如，浙江日报报业集团通过与浙江民政厅建立合作而获取了大量旅游、医疗等方面的数据。

浙江日报报业集团在数据融合方面取得了以下成果：第一，通过打造互联网数据中心与大数据交易中心获得了更多的数据；第二，通过收购其他公司获得了大量用户及用户信息；第三，通过政治资源获得了本省的相关数据；第四，通过将自身内容数字化的形式实现了数字化。

通过以上案例，笔者总结出了传统媒体与新媒体大数据融合所涵盖的几个重要方面，如图 4-8 所示。

图 4-8 传统媒体与新媒体大数据融合所涵盖的重要方面

（一）点播及播放数据的反馈

我们可以将大数据时代的数据反馈模式看作一场新的生产革命，因为在这种模式下，数据将成为一切的中心，单纯地采访、写稿已经无法满足新闻制作的需求，媒体应该通过深度挖掘、分析数据来获取更有价值的信息，而数据技术也成了媒体的一项基本技能。大数据时代要求新闻获取更加专业化，对此，媒体可以通过自己的数据研究中心或相应的团队，利用先进技术挖掘信息，从而获取更有价值的新闻线索，使新闻传播更有深度。

如今的互联网巨头掌握着数量庞大的数据，如果能够通过它们来整合传统媒体，将会在极大程度上解决传统媒体所面临的技术与用户方面的难题，同时还能进一步促进传统媒体的转型升级。

拥有海量数据的互联网公司可以通过开放大数据促进传统媒体与新媒体的融合发展。以百度公司为例，它在 2013 年向传统媒体开放了大数据，使得传统媒体实现了经营、报道方面的重大突破。时至今日，《华西都市报》《南方周末》等传统媒体也纷纷展开了大数据的深度融合。在以搜索为主的大数据分析模式下，我们只需通过热门程度与搜索量便能看出新闻的质量。

除了借助百度搜索，传统媒体也可以通过社交媒体平台与网络媒体平台中新闻的转发率与点击率来对经营、采编活动进行指导。例如，《三秦都市报》《西安晚报》等西安都市报纸都纷纷从微信、微博等平台获取信息。同时，编辑还会根据平台上新闻的转发率与评论数量来了解受众对此类新闻的关注度、喜爱程度，进而更好地调整新闻的采编方向。

（二）内容的准确分发

随着互联网媒体的出现，传统媒体面临着受众大量流失、广告收入降低等问题，与此同时，新媒体却保持着良好的发展。出现这种情况的主要原因在于传统媒体的用户连接失效。

首先，受众的大量流失是影响传统媒体发展的主要因素之一。传统媒体所采用的商业模式为"二次销售"模式，也就是说传统媒体要经历两次销售过程，第一次是将产品与内容销售给受众，并获取传播功能；第二次是在第一次的基础上，将传播功能销售给广告主，将自身的商业价值变现。这种模式的关键在于渠道与内容的结合，其中渠道承载的商业价值较大，而内容承载的商业价值较小。当传统媒体流失了大量受众后，其自身的入口价值便会受到影响，甚至还会导致渠道与内容彻底分离，渠道的商业价值被互联网取代，内容的商业价值无法支撑其正常运作的情况。简言之，大型传统媒体单纯从事内容生产的发展思路无法适应现代社会的发展需求。

其次，传统媒体不具备真正意义上的用户，因为受众和用户之间存在着本质上的区别。具体表现在以下几方面：第一，受众是静态的、低频的，用户是动态的、高频的；第二，受众数量较小，用户数量较大；第三，受众之间是松散型关系，用户之间是紧密型关系；第四，在受众方面能够获得的数据是有限的，而在用户方面可以通过大数据与先进技术分析出每位用户的需求、爱好、收入等更加精准的数据。从商业价值来看，用户采用的是"新闻+服务"的商业模式，不仅数量大于受众的数量，而且可以利用先进技术向用户提供精准的个性化服务，所以用户的商业价值要高于受众。

除了通过与互联网合作利用大数据之外，传统媒体还可以采用与网络媒体合作的方式，在大数据时代获得更好的发展。以北京主流媒体《新京报》为例，它与腾讯集团合作打造了"大燕网"，用户只需登录QQ，就能获得最新的新闻推送，这样不仅打破了传统媒体单一的发展业态，还实现了即时报道。

同时，在互联网技术的推动下，腾讯能够了解用户的个性化需求，从而向用户提供更加精准的信息服务。

（三）广告及内购产品的推送

当自身的赢利能力受到挑战时，企业往往会通过成为广告预算的方式来应对。如今，在渠道受到影响的情况下，传统媒体的广告作用也大大减弱。而利用大数据分析的互联网精准广告则可以有效降低媒体在广告方面的投入成本，其主要原因在于它能够结合用户的搜索习惯精准定位人群，这种方式既能让广告行之有效，还能更好地满足用户需求。

此外，网络广告还能提供更具针对性的内容环境。不同的平台或是同一平台的不同频道可以提供不同的内容，这便是网络广告的独特优势。但是，网络广告并不是只通过简单投放便能收获预期效果，还需要在投放前正确计算投入成本、合理规划投放模式。利用大数据分析可以为细分后的用户提供更好的内购产品与个性化的广告。

简言之，要加快传统媒体与新媒体之间融合发展的进程，就要通过应用新技术，创新传播方式，占领信息传播的制高点。

第五章 广播电视技术的发展

作为信息传播的重要途径，广播电视在信息传播的过程中诞生、发展、壮大，成为大众传播的重要载体，并在信息技术的推动下逐渐步入新的发展阶段。

第一节 广播电视技术的特点与作用

一、广播电视技术的特点

作为21世纪非常重要的一项科学技术发明，广播电视不仅具备信息服务、文化娱乐、社会教育以及新闻传播等诸多功能，而且在承载能力、覆盖能力、传播速度、传播方式等方面拥有一定的优势。如今，广播电视已经成为具有强大竞争力、影响力的现代大众传播媒体，广播电视产业也逐渐成为国民经济中具有巨大社会经济价值以及深远社会影响的重要产业。

随着信息化时代的到来，广播电视行业开启了一场以网络技术、数字技术为主体的革命。这场革命首先冲击的便是广播电视技术平台，其范围波及了广播电视节目制作发行过程中的诸多环节。而网络化、数字化技术不仅在一定程度上提升了广播电视节目的质量与资源的利用率，还使传统广播电视的服务方式、内容以及形态发生了巨大变革，并成为集通信、计算机、广播电视于一体的、为受众提供个性化服务的、多种功能的新型媒体。

广播电视是众多大众传播方式中受众更为广泛、技术更加现代化的一个，其主要原因在于广播电视技术具有其他传播技术所不具备的特点，如图5-1所示。

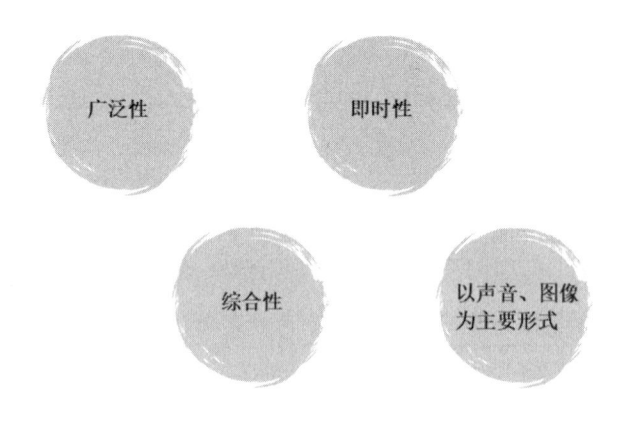

图 5-1 广播电视技术的特点

1. 广泛性

广播电视的广泛性体现在各个广播电台、电视台可以向其服务范围内的每个家庭传播信息，受众可以根据自身需求选择想要收看的节目。这一点是决定广播电视与其他传播方式存在区别的重要因素之一。

2. 即时性

广播电视的即时性表现为几乎在广播节目、电视节目播出的同时，受众便能即刻收听、收看到。此外，广播电视还能通过现场直播的方式将某个时刻、地区发生的事件传播到世界各地。

3. 综合性

广播电视是一项综合性技术，它不仅涵盖了通信技术与电子技术，而且涉及计算机、声学、光学等诸多学科。

4. 以声音、图像为主要形式

广播电视以声音、图像为主要形式传播信息，具有形象、生动、内容丰富且不受文化程度与年龄的限制等特点，深受大众的喜爱。

二、广播电视技术的作用

自诞生以来，广播电视技术的每一次变革都在一定程度上推动了广播电视产业的发展，并对社会产生了较大的影响。随着广播电视技术的不断发展，广播电视的表现领域与传播领域也在不断扩大，广播电视工作者对各种传播工具的使用也变得更加熟练、自如。如果说广播电视能够取得现在的发展完全是技术的功劳，这一点是不客观的，同样，过分重视艺术而轻视技术也是不正确的。在广播电视领域，技术与艺术之间始终保持着彼此依赖、相辅相成的关系，而广播电视的许多艺术形式也正是在艺术与技术彼此促进、相互制约的过程中逐渐得到完善的。

（一）技术是艺术创作的基础

广播电视艺术的表现力主要体现在广播电视的制作技术与工艺的掌握上。事实上，每次内在语言结构的演进与外在艺术形式的创新，都是通过技术语言来表现的，并通过工艺与技术方面的革新来实现。

例如，在电视片头、广告节目以及文艺节目等的制作方面，"二度创作"成为电视编导的必修节目。电视创作涉及画面组合、字幕交错、光影色妆、机位运动等，只有具备融入思维才能实现更好的革新。电视创作的本质是电视合成图像与计算机辅助设计，而关键在于变形与重组。

在经历了长时间的发展过程后，广播电视已经逐渐成为一个成熟的艺术门类。从这个角度来看，广播电视在艺术方面的发展在很大程度上要得益于技术上实现的可能性。无论作为一种新的艺术门类，还是作为一种重要的大众传播媒介，现有系统的现代化与新技术视听系统的出现都会在一定程度上提高广播电视的表现力，并对广播电视从业者产生深刻影响。所以，只了解广播电视技术的重要作用是不够的，还应该明白技术与艺术之间的关系与相互影响，使技术成为艺术创作的重要方面。如今，广播电视行业正在积极促成艺术与技术的融合，意在通过这两者的融合创造出新的传播特质。

（二）技术的发展使广播电视形成了特有的工作方式与表现形式

下面将以部分电视节目形态为例，进一步论述广播电视技术的发展给广播电视节目形态带来的冲击与影响。

广播电视有很多种工作方式，且每种工作方式的表现形式都不同。

1. 电视文艺节目

电视文艺节目的类型主要包含以下几种：

（1）电视剧的创作。电视剧是一种以生活为基础的电视文艺节目，它包括许多不同的类型。在电视剧的创作中，无论是哪种类型的电视剧，都需要依靠电视制作、电视摄录的技术复合手段。

（2）将异种艺术进行移位演播。这种类型的节目最主要的特点便是内容非常广泛，其中既包括录播、直播的晚会，演唱会，舞台剧等，又包括将原本的艺术形式转置实景或演播室中拍摄。相比之下，后者的创造性与灵活性更强，它能使两个毫不相干的艺术形式实现彼此渗透。

（3）由脚本创作的大型或中型演播类综艺节目。这类节目将电视的多种特性综合在了一起。其一，它具有较强的参与性，现场观众可以与主持人进行直接交流；其二，它具有新闻性，节目主持人需要进行现场采访，必要的时候还需要在其中穿插一些新闻性录像；其三，它具有一定的综合性，其中囊括了多种艺术形式。这类节目往往以现场直播的形式播出。

综艺节目还包含另一种类型，即利用录像演播进行创作的节目。在录播的情况下，编导不仅拥有了更加充足的准备、策划时间，而且可以充分利用"技术滤器"，在拍摄内容的基础上进行"二次创作"。值得一提的是，电视特技是"技术滤器"的一种新的创作形式。当电视制作逐渐步入掌握编辑机、电子特技阶段时，技术将得到进一步开发，同时电视思维也将迎来新的发展阶段。电视是先进技术的结晶，更是重要的现代传播手段。如果能对这种手段进行充分利用，便可以向受众传播多视角、全方位、立体化的节目信息。

2. 电视体育节目

与其他类型的电视节目相比，体育节目是一种比较特殊的节目形态。体育运动的竞技性特征使得体育节目在内容的表现方面具有多角度、超时空、快节奏以及刺激性较强的特点。

在体育节目中，比较有代表性的便是大型综合运动会的电视报道。下面将以此为例对体育节目电视传播的工作方式展开进一步分析。

在对国际大型综合运动会进行转播时，往往需要与之相匹配的大规模的报道队伍。除了对时效性有要求之外，字幕、图形、计时计分系统，慢动作，声音质量，片头制作以及图像质量等也需要达到一定的水平。如今，国际水平的电视节目的转播必须配备充足的摄录与转播系统，同时还要具备微波传送系统，ENG（电子新闻采集）、EFP（电子现场节目制作）采集系统甚至卫星转播系统设备等。

（1）字幕、图形、计时计分系统的应用。该系统在体育运动会转播过程中主要起到说明作用。参赛运动者的姓名、国籍、得分情况、编号等各种背景材料与比赛成绩，都需要通过字幕、图形、计时计分系统呈现给观众。电子计算机系统需要输入上万条数据并结合比赛的实际情况调出，显示在电视屏幕上。

（2）慢动作重放镜头的使用。在一部分人看来，在家中通过电视观看体育赛事要比在现场观看更加清晰、精彩。产生这种想法的主要原因在于，观众可以通过电视观看到慢动作重复播放、近景特写，直观地获取相关的比赛资料。作为体育节目中使用频率较高的画面技巧，慢动作在体育节目转播中的主要作用是放慢运动者的运动速度，使观众能够更加清楚地观看到某一动作的过程。

（3）体育节目片头的独特要求。节目片头是各种体育栏目，体育运动会的开幕式、闭幕式，以及每场比赛之间都需要播放的。对体育节目来说，一个制作精良的片头是运动会精神的重要体现。

（4）遥控摄像机与微型摄像机的使用。游泳比赛中往往会在泳池底部安装可遥控的摄像机，其主要目的在于让受众能够观看到运动员在水下的运动状态。摄像师也通过遥控水下镜头，拍摄出了很多精彩镜头。而在体操比赛中，则会通过在空中吊放微型摄像机的方式来采集双杠、鞍马等镜头，从而给观众带来更好的审美体验。

3. 电视新闻节目

作为电视传播的主要节目形态，电视新闻节目要求发挥电视快捷、即时的特点，将世界上正在发生或已经发生的事件的相关信息传达给受众。由于新闻节目是所有节目形态中最具权威性的，所以各个电视台都为其配备了先进的制作设备。

由于新闻节目的报道时间、地点以及信息源是不固定的，且节目影响范围遍及整个国家甚至是全世界，所以其采访设备需要能够应对突发事件以及在众多繁杂信息中提取、整理、编辑即时新闻，并将其快速传播出去。

无论是在采集方面还是在播出形式方面，电视新闻节目利用卫星技术提升自身的权威性都已经成为世界新闻发展的重要趋势。它主要采用现场记者通过卫星或电话连线直播间主持人的方式来连接事件现场与观众，使观众拥有更加强烈的现场感。

4. 电视纪录片

电视纪录片这一称谓来源于电影纪录片。如今，除了在节目制作、获取素材等技术手段方面与电影纪录片存在较大区别之外，电视纪录片在外延方面也形成了其自身的特色。

在摄像设备的支持下，电视纪录片可以更加便利地在现实生活中取材，所以大部分通过声音、音响、画面语言来表现、反映某个主题的艺术性、纪实性相结合的电视节目都可以称为电视纪录片。

从本质上来看，纪录片应该是纪实的。但技术方面的限制导致电影声画分离，所以在纪实方面存在较大的难度。电视技术设备的不断发展对电视纪录片创作手法的演进起到了较大的促进作用。

（1）电视新闻拍摄手法的应用。以纪实审美为基础的纪录片的拍摄，逐渐趋向采用最能体现电视参与性与现场性的新闻手法。

拍摄技术的不断变革在电视纪录片创作中掀起了一场革命，极大限度地恢复了纪录片的真实性。在这场巨大变革中，比较有代表性的便是大型电视纪录片《望长城》。它非常注重前期拍摄，打破了原本重光线、重画面构图的模式，紧紧围绕纪实性这一特点，利用一机多声源、多机多声源的方式，在拍摄现场做文章，致力于抓拍生活中最真实的质朴之美，具有极强的现场性。

（2）现场同期声的大量运用。电视纪录片将声音作为视听媒介基本的物化元素，并使之与画面共同构成特定的审美时空。在同期声方面，电视纪录片突破了传统电影纪录片技术，实现了巨大的飞跃。电视纪录片的采录设备支持同步记录真实的声画时空。这不仅使画面得到了有效延伸，还更加充分地表现了人物的思想感情。

如今，各种类型的现场同期声与声效逐渐取代了冗长的解说，成为电视纪录片的新时尚，而穿插在其中的同期访问谈话可以直接向观众进行叙述，在提供材料背景、发表议论的同时，有效避免了节目编导的主观影响，让整个电视节目更具公正性与客观性。将主持人与采访者手中的话筒换成别在身上的微型话筒的这一举措，仿佛拆掉了挡在主持人与被采访者之间的墙，使得采访更加轻松自然，充满人文气息。

除此之外，电视纪录片还会用多轨调音录音技术将生活背景音记录下来，用数字化摄像机的多个声道将闹市区的采访音效记录下来，这些都使得电视纪录片中的声音更加丰富、更具艺术表现力，同时将更加真实的生活场景呈现在受众的眼前。

5. 电视广告节目与电视片头制作

近年来，电视广告节目的风格逐渐朝着两个方向发展：一是利用传统电影胶片拍摄的柔美抒情、色彩鲜艳、图像清晰的色彩构成型或故事情节型风格，如油料、啤酒等。这种广告节目注重色彩、光线、画质。二是将计算机应用在视频领域而产生的现代视像创作风格。这种创作方式也普遍被应用在各种电视的节目片头设计中。视像创作包括电视字幕系统、三维电视特技以及电视图像平面合成的综合应用。

电视视像创作的实质在于电视合成图像与计算机辅助设计。人们可以利用电视特技让真实图像变形，并将变形后的图像附加在电脑创作的背景图像上，还可以在上面添加各种颜色、大小的字幕，搭配不同的音乐或声音，进而构成一个个具有一定逻辑或较为荒诞的电视广告。

如今，绘画箱技术已经被普遍应用于电视节目的片头制作。与其他电脑动画不同的是，绘画箱是一种平面合成图像的技术。它可以在真实的图像上进行修补或涂改，具有鲜明的现代风格。

这种利用电脑来完成图形设计的形式也可以实现单独应用，如各种物体的模拟设计、字母的变形以及拟人化应用等。虽然电视广告节目也存在反映某种特定意义等特殊要求，但从整体角度来看，广播电视在透视感受与时空定位方面具有其他传播形式所无法比拟的优势，因此电视广告节目的发展前景也是非常广阔的。

总之，电视的视像创作系统就像一个魔方，让人无法想象其中究竟存在着多少种视觉形式。同时，这也说明了一个重要的道理，那就是电视视像创作领域的发展是无止境的。

（三）技术的发展促进广播电视的国际化

当人们意识到电视在传播方面的重要意义时，电视通信卫星又促使其成为一种"世界性"语言，通过地球同步轨道上的通信卫星，可以将电视节目传播到人类居住的各个角落。这种技术的出现，让原本偌大的世界转眼间变成了小小的"地球村"。

如今，电视凭借着在信息传播方面的全球性质，成为国与国之间、民族与民族之间彼此了解的重要途径。广播电视国际化不仅在一定程度上改变了人们原本的认知方式，而且使人们拥有了全球性思维方式。

作为国际传播业中最基本的部分，电视新闻也是电视业在竞争中赢得观众的重要手段。因此，在电视传播国际化的今天，电视新闻更需要走在变革的前沿。

在技术不断发展的背景下，虽然搜集、传播新闻变得更加有效、快捷，但新闻在内容方面的竞争也使新闻业本身，特别是新闻报道的风格出现了转变。电视节目要具有全球视野。如今，世界各地的电视台都以从更高层次采集、报道新闻为目标，力求使新闻具有国家意义、世界意义。广播电视的国际化趋势不仅影响着电视新闻的报道风格，而且影响着电视传播业的各个方面。

（四）技术的进步使广播电视成为多媒介传播体

在社会发展的过程中，各个时代的科学技术成果都会以物质形式融合到艺术与传播媒介中。广播电视也不例外。如今，随着人们对电视本体的认识不断深入，原本的"电视艺术"这一称谓已经逐渐被"电视传播媒介"所取代。

作为信息时代电子技术的重要产物，广播电视通过与其他先进技术融合，成为一个渗透领域广泛且拥有巨大能量的综合体。有线电视、卫星电视实现了信息传播的全球化，而多媒传播体又使各个阶层的消费需求得到了更大程度的满足。"传播总体化"与"消费个体化"逐渐成为广播电视发展的重要趋势。

第二节　广播电视节目传播的主要技术环节

无论是什么样的传播方式都需要借助一定的媒介才能实现。广播电视在信息传播方面主要有两种方式，分别是无线电波与有线分配系统。无线电波与无线电通信不同，电话、电报等虽然是利用无线电波这一媒介进行传播的，但它们只支持点对点的通信，而广播电视却能通过节目的形式实现点对面的传播。有线分配系统主要指的是有线广播和有线电视。它们可以利用特定的线路将受众联系起来，并将节目分配给广大用户。

从诞生起，广播电视就面临着两个问题，即不断丰富节目内容与不断改进传播的技术手段。广播电视业需要正确处理这两者之间的关系。广播电视的节目内容需要紧紧依靠广播电视技术，广播电视技术则需要努力为节目内容提供服务与条件。作为广播电视节目传播过程中的重要内容以及节目存在与物化的重要手段，广播电视技术应该不断为节目的传播提供支持。

一般而言，广播电视节目的整个传播过程主要包括五大技术环节，分别是节目制作、节目播出、节目传送、节目发射、节目接收。

一、节目制作

节目制作是广播电视节目传播的首个环节，它是广播电视节目从构思到完成全部工序的总称。节目制作通常分为两大阶段：前期制作与后期制作。其中，前期制作以获取原始声音素材与图像素材为主，具体包括采集所需资料，摄录图像、音响素材，撰写、审核、修改广播稿件或电视脚本，等等；而后期制作包括录音、配音合成、字幕制作、复制、音响、整理剪辑画面、特技制作等。

事实上，广播电视节目制作是一种融合技术与艺术的创造性活动。广播电视节目制作技术包含硬技术与软技术。硬技术指那些为节目制作提供基础保障的技术条件与设备,如传声器、录音机或摄像机、录音室或演播室、电子编辑系统、监视与监听系统、字符发生器、ENG 与 EFP 等。软技术指的是运用各种技术条件与设备制作出水平较高的广播电视节目的技术。在节目制作过程中,导演会在节目内容与整体规划的基础上产生新的构思,设想出每秒的画面与音响,而想要将这些构思和设想变成现实,就需要依赖软技术,如照明技术、摄像技术、拾音技术、电视图像信号的编辑技术、特技画面制作技术、录音效果的后期加工技术等。

二、节目播出

节目的播出是广播电视节目制作一系列流程的目的。自录音机、摄像机诞生并得到广泛应用以后,广播电视节目的制作与播出便成了两个单独的环节。通常情况下,广播电视节目播出的流程为(新闻节目除外):节目管理部门事先编排每日播出的节目,再按时将需要播出的节目录像带、录音带交给播出部门,最后由播出部门准时播出,如图 5-2 所示。

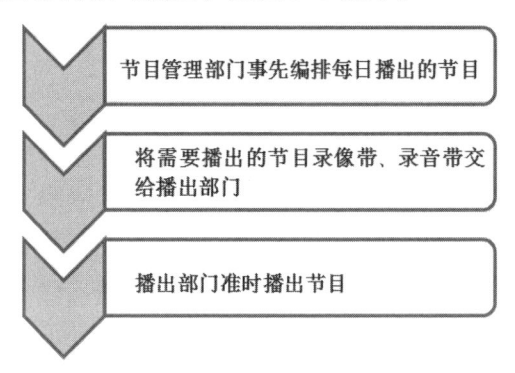

图 5-2　广播电视节目播出的流程

播出节目的来源包括以下几种:第一,现场直播节目;第二,事先录制的节目;第三,演播室直播的节目;第四,直播过程中外部传送的节目;第五,转播其他电台、电视台的节目。

一般来说,规模较小的电台、电视台的节目相对较少,播出节目可以通过控制台直接送往线路放大器,再由线路放大器输送到发射台。而相比之下,大型电台、电视台的节目较多,且大部分都设置了主控制室。多个节目播出控制台的信号都会集中到主控制室,再经主控制室将这些节目传送至指定的线路,分送到各个方向。当同一方向同时需要传送多套节目时,需要设置专门的节目调制机房，结合具体需求将节目组合起来，再通过电缆或小型微波发送至微波干线终端（或卫星地面上行站）、发射台。

如今，大多数电台、电视台的节目播出都会使用计算机自动控制系统，这样不仅能准确、及时地播出各种节目，而且能降低工作者的劳动强度、减少播出事故。

三、节目传送

作为节目播出到发射的中间环节，广播电视节目传送的主要任务在于将每天播出的节目信号从广播电视中心传送至卫星地面站、发射台或者其他广播、电视中心。

广播电视节目传送是广播电视节目播出的必要环节。如果没有节目传送系统，节目便无法播出；如果节目传送系统的质量不高，发射台的节目信号质量也会相对较低，这样一来，广播电视节目的播出效果也会大打折扣。对此，为了向发射台提供更加优质的节目源，广播电视节目传送系统必须坚持不断发展、完善自身建设。

广播电视节目传送系统大体上可分为两类：一类是近距离节目传送系统，另一类是远距离节目传送系统。

（一）近距离节目传送系统

这类系统通常被用在与广播电视中心处于同一个城市的发射台的节目中，其工作范围在几公里到几十里之间。近距离广播电视节目主要采用光缆或电缆传输。当不方便架设光缆、电缆时，也可以采用小型微波设备。这些传输方式的传输质量都比较高，其中光缆与电缆的传输相对稳定，且设备简单、便于维护。特别是光缆，它不仅传送容量更大，而且不易受到电磁的干扰。

（二）远距离节目传送系统

这类系统通常被用在中央或省级电台、电视台中，其工作范围在几百里到几千里之间。远距离节目传送主要采用的是通信卫星电路与微波中继电路。其中，卫星更适合大范围的节目传送，如国际、全国节目传送；而微波中继电路更适合全国及省内的节目传送。

在中国，中央的电台、电视台节目主要通过通信卫星与电信系统建立的微波干线（4GHz 频段）进行传送；省级电台、电视台的节目主要通过广播电视系统自建的广播电视节目传送专用微波线路（8GHz 与 1.4GHz 频段）进行传送。其传输体制为在每个传输通道中同时传送一路电视图像信号与三至四路声音信号。

在卫星和微波传送通路建成之前，中央与省级电台、电视台均以短波传送通路为主要传输手段，但短波通路在节目传送过程中存在不够稳定且质量较低的问题，所以在卫星与微波传送通路建立后，短波传送通路就逐渐成为辅助手段。由于卫星通路与微波通路多为双向的，所以它们在节目传送过程中可以实现电台与电视台的节目交换。

四、节目发射

广播电视节目被传送至发射台后，还需要通过无线电波发射出去。除了发射出去的节目形式不同之外，广播发射台与电视发射台在本质上是一致的。在一个完整的发射台中，最主要的部分是发射机、馈线、发射天线以及冷却系统、电源系统、天线交换系与节目调度系统等附属设备。

发射台的主要工作程序为：结合播出节目时刻表，利用节目调度系统将需要播出的节目传入发射机；在发射机中形成射频，再利用节目信号调制射频，使其能够随着节目信号的变化而变化；接着将调制好的射频放大并从发射机通过馈线传输至发射天线；天线上的射频电流会在空间上形成交变电磁场，进而产生无线电波，由天线的周围向远方传播出去，将各种广播电视节目传送至特定的地区。但单个发射台的服务范围有限，所以想要完成更大范围内的传播，就必须利用多台发射机同时发射。而这些发射机之间又会形成一个发射网。以工作频段为单位，可将发射网分为中波广播网、短波广播网、超短波调频广播网、米波电视网以及分米波电视网。广播发射网为广播电视传播提供了重要的物质技术。

五、节目接收

节目接收是电台、电视台节目传播的最后一个环节。广播电视节目的覆盖率与接收机的普及率决定着广播电视的普及程度。

广播电视的覆盖率主要通过人口百分比的形式来体现，反映了全国有百分之几的人能够接收到广播电视节目。它能直观体现出广播电视建设的受众数量与广泛程度。而接收机的普及率则能够表明受众实际拥有的接收机数量，即广播电视的实际受众数量。

为了使广播电视传播的效率不断提升，应该大力建设广播电视网，提升广播电视的覆盖率，不断完善接收机的接收效果。

第三节　广播电视技术创新及其发展趋势

一、广播电视的数字化

随着通信技术、电子集成技术以及计算机技术的不断发展，广播电视业也迎来了革命性的变化，这种变化主要表现为网络化与数字化。其中，数字化是网络化的重要前提，而网络化是数字化的拓展与延伸。

广播电视原本主要采用模拟技术。模拟技术指的是在将声音、图像等信号转变为电子信号时，电子信号的变化是声音变化与图像变化的模拟，其振幅、频率等会随着声音的高低、强弱以及图像的色彩、亮度的变化而不断变化。

从发展的角度来看，广播电视由模拟逐渐向数字过渡是一种必然的发展趋势。在此过程中，传统的模拟信号会转变成二进制数字信号，再以此为基础，根据节目的制作与播出需求进行各种功能的处理、应用。

数字技术指的是通过取样、量化、编码等一系列环节使模拟信号变成二进制数字信号，其中的每个数字信号都只有两种结果，即1和0，这些结果主要用脉冲来表示。在完成信号转化后，还需要进行各种功能的处理、传输、存储以及记录，当然，也可以利用计算机来完成处理、监测、控制。实验证明，当取样频率比模拟信号最高频率的两倍还大且量化级数够多时，这些数字信号就可以被恢复成与之前相同的信号。

数字广播电视在原有功能的基础上又具备了很多新的功能。它的出现在将广播电视技术带入新的发展时代的同时，也让广大受众接收到了更加丰富的节目内容，观看到了更加清晰的图像，带来了质量更高的视听享受。

（一）电视信号的数字化

在电视信号数字化方面，PAL制（帕尔制）电视信号的采样频率通常采用彩色副载波的两倍或四倍（13.29MHz或17.72MHz）。此外，为了避免差拍导致复原图像的噪声，取样频率必须与副载波连锁。

在取样过后，模拟信号便会变成时间上离散的脉冲信号。但此时这些脉冲信号的幅度还是模拟的，在用数码来表示幅值之前，还需要对其进行进一步的离散化处理。这种将幅值分级并舍零取整的操作叫作量化。量化后的信号会转换成数字编码脉冲，此过程叫作编码。量化后的取样值需要用 n 个比特的二进制码来表示。二进制数字字节与量化值一一对应后，再通过一定的排序形成由二值脉冲构成的数字信息流。

这一串数字信息流在 D/A 转换中，通过相反的过程，重新构成原来的取样值，再借助低通滤波器恢复原信号。通过 A/D 变换而获得的脉冲串的频率等于取样频率与量化比特数的乘积，被称为传输数字信号的数码率。

在 D/A 变换，也就是解码的过程中，首先要做的就是将信号中的色同步脉冲恢复，并组成与此同步连锁的连续副载波信号；然后将其作为时间脉冲，获取每行中相应的字节，最后恢复成模拟幅值。

为了保证输入信号和输出信号之间的"透明"性，需要对 A/D 与 D/A 变换过程中的所有步骤进行处理与校正。

（二）音频信号的数字化

A/D 与 D/A 变换的准确性能够决定数字音频的质量。人耳的主要特点在于既能接收较大的动态范围内的声音，又能感受到微小的声音。此特点也使得 A/D 与 D/A 变换的精确度要高于视频。

音频信号数字化过程中非常重要的一步便是取样，取样频率至关重要，频率过高，便会增加设备成本。在取样过程中，需要找到一个等幅的脉冲串，再由音频信号对该脉冲串的幅度进行调节。取样脉冲会产生边带波，并有一串谐波，谐波两旁也会产生边带波。虽然谐波不会对人耳产生任何作用，但如果信号在之后的电路中产生任何非线性存在，都会引发大量的互调失真情况。在取样频率相同的条件下，基带越宽，就越容易出现频谱重叠现象，即基带部分频率与取样频率的边波带出现交错的情况。这样一来，复原后的模拟音频信号便无法呈现出真实的声音。为了避免出现交错现象，就需要在将模拟基带信号输入变换器之前加入低通滤波器，而且其截止频率必须小于取样频率的二分之一。

二、数字广播电视技术的优势

数字化处理后的广播电视信号在抗干扰、易复制、还原性等方面要优于模拟信号。值得一提的是，与模拟设备相比，数字广播电视设备不仅能够获得更高的技术性能，而且可以在此基础上开发出很多新的功能，使广播电视的可视性与时效性得到较大程度的提升。从技术层面看，数字广播电视技术主要具备以下几方面的优势：

第一，数字广播电视所采用的数字编码的方法，能够更好地实现加扰与解扰技术，为收费电视的应用提供基础条件。

第二，将计算机与数字技术结合在一起，实现对电视设备的操作与自动控制。

第三，通过数字压缩技术大大减少了传输信道带宽，从而使各种类型的频谱资源得到更加合理的利用。对地面广播而言，数字电视不仅能启用模拟电视所不能启用的频道，而且能通过"单频网络"技术实现节目的大面积覆盖。对卫星传输与广播而言，通过数字压缩技术，可以实现在同一个卫星频道转发多套节目，进而提升传输容量。

第四，数字电视信号具有互操作性、可分级性以及可扩展性，可以更加便捷地在各种通信信道上传输。

第五，数字广播电视所采用的分多路数字技术，能够实现信道多工复用。

第六，数字电视信号输出较为稳定，可以有效避免在模拟系统中非线性失真对图像产生的影响。

第七，可以更好地储存信号，利用数字时基校正器、数字特技机、帧存储器等数字处理方式，形成新的特技形式，进一步强化屏幕的艺术效果。此外，数字电视信号有着强大的可复制性，如果将其应用在节目制作过程中，将在一定程度上提升图像质量。

第八，在传输过程中，数字信号可通过纠错解码技术与再生技术保持接收端的图像画质与发送端基本一致，信噪比基本不变，因此更加适合长距离、多环节传输。

三、数字广播电视系统

数字技术较强的优越性是广播电视数字化进程加快的主要原因之一。随着广播电视业的不断发展，模拟信号向数字信号的过渡也全面展开，主要体现在两个方面：一方面是单一数字设备的不断完善与创新，如陆续出现了切换台、特技机、录像机以及数字摄像机等运用数字技术的设备。另一方面是大规模数字系统的日趋完善，如出现了数字压缩的卫星新闻采集转播车、全数字电视转播车以及全数字电视演播室等。如今，数字化进程还在不断向全电视系统——制作、传输、发射以及接收方向发展。

实际上这场由数字化引发的广播电视业的革命，主要体现在节目生产的演播室、节目制作、节目播出与节目发射这几个环节中，且在各个环节中都呈现出了不同的特点。

（一）虚拟演播室

节目生产的演播室环节诞生了虚拟演播室技术。虚拟演播室是一种以现代数字技术为基础的视频技术与计算机技术相结合的产物。它融合了电视技术与计算机技术，是一个集视、音频切换台，主机，图形图像发生器，摄像机跟踪器，色键器，现场摄像机以及计算机软件于一体的节目制作系统。它能够提供形象、逼真的虚拟空间，将计算机制作出来的背景与演播室拍摄的人物融为一体，以前所未有的形式呈现节目，这对传统演播室技术来说是一项巨大的挑战。

传统演播系统中那些昂贵、难以实现甚至在物理层面几乎不可能实现的布景，在虚拟演播室中基本都能实现。此外，虚拟演播室在免除了搭建、拆除布景的工序后，使得演播室的效率得到了极大程度的提升。同时，虚拟演播室技术的诞生，使得节目制作人员在制作手法方面更加自由，有利于节省节目制作经费以及进一步开拓节目空间。

（二）非线性编辑系统

在节目制作环节，数字电视技术、多媒体技术、计算机技术共同构成了非线性编辑系统。该系统是一个将计算机作为操作平台的电视节目后期制作系统。非线性编辑系统主要包括网络技术、计算机图形技术、数字图像处理技术、数字存储技术以及数字压缩技术等。它将交互性、网络化、多媒体化以及数字化融入视频编辑，掀起了电视制作领域的巨大变革，也将人们带入了新的创作空间。

（三）数字化播出系统

播出系统是电视系统中必不可少的环节之一，其重要性不言而喻。所以，即便是全数字系统取代模拟播出系统成为大势所趋，但在设计数字化播出系统的过程中，仍然要充分考虑其可靠性与安全性。安全播出与安全管理是数字化播出系统设计的重要准则。如今，随着科学技术的不断发展，数字化播出系统基本可以满足以上要求。全硬盘系统已经发展到了成熟阶段，它以播出服务器为核心，在数据容错技术、RAID（磁盘阵列）技术的支持下，既能有效避免切换台、录像机等设备出现故障所产生的不良影响，又能实现播出节目资源的共享。

(四)数字化电视发射机

电视发射机的数字化也是电视数字化发展进程中的重要一环,这一点是毋庸置疑的。如今,数字化电视发射机及其相关设备、测试信号源等都得到了一定的发展。总体来看,数字电视广播对发射机主要有以下几点要求:其一,发射机需要具备一定的稳定度、频率精度和低位噪声,在传输过程中要降低传输信号的误码率;其二,放大器要具备足够宽的动态范围以及良好的线性;其三,为了保证射频输出功率电平,功率放大器要具有较高的增益。

按照传统的以频段和末级功放类型进行分类,可将如今的数字化电视发射机分为以下几种:

第一种,全固态发射机。这种发射机的最大优势是使用寿命较长,可靠冗余度高。但它也存在着效率较低、线性较差、价格较贵的缺点。

第二种,采用四级管的中电子管发射机。这类发射机具有线性好、效率高的优点,在完成 AB 类工作的过程中拥有较高的效率;但缺点在于寿命相对较短。

第三种,采用感应输出管的 IOT 发射机。此类发射机具有线性好、功率高的优点,能够在较低的平均功率下与较宽的线性动态范围内更高效率地完成工作,易于进行线性校正。它的不足之处在于工作电压较高,对腔体的保护与整体的维护要求相对高一些。

在超大功率合成技术得到开发与普及后,数字化电视发射机的功率得到了大幅度提升,可靠性大大增强。综合来讲,在以上几种发射机中,IOT 发射机是高功率数字化电视发射机的首选机型。

(五)电视系统的网络化

如今,数字系统主要有两种基本结构:一种是传统的模拟系统的线性结构,这种结构只是将相应的设备换成数字设备,再加上辅助的编码、解码等;另一种是完全的计算机网络,它主要采用以服务器为中心的分布式结构。全电视系统内部的网络化是如今电视系统重要的发展方向。

电视多媒体非线性技术的应用是节目制作、节目播出网络化的基础内容。为了进一步提升工作效率、实现资源共享的目标,可以将以单机工作方式为主的多台非线性编辑系统、音频工作站、动画工作站、虚拟演播室系统等各类系统组成网络,作为电视台内部的局域网子系统。除此之外,还可以利用 ATM 网或宽带以太网将电视台内部的各个子系统编织成一个较大的局域网,形成全台的宽带视频综合业务网络,实现多媒体设备、计算机设备的互联与信息交流共享以及虚拟网络间的信息交换,并在台内、台外之间形成一个庞大的广域网。从物理结构的角度来看,这个局域网主要由节目存储网、播出子网、节目制作子网以及新闻子网构成。由于该网中的各个子网对节目素材有着不同的要求,所以它们的结构也不相同。

通常情况下,一个网主要具备以下几个特点:智能化,容错能力强,业务处理具有可定制性,设备具有可互换性、可兼容性、可选择性、可管理性、可靠性、可扩展性以及易用性。

如果将广播电视系统的网络化看作一个狭义概念,那么随着电视系统的全面数字化,电视与计算机、通信的一体化将得到强化,并产生一种广义层面的概念。在经历数字化后,原本属于不同媒体的计算机、通信、电视,在数字领域中都会以"0,1"为基本单位,变成"0""1"符号的比特流,而数字微波、卫星、光纤等也都变成电视的重要传输手段。计算机、通信、电视技术将融为一体,实现业务上的相互融合、渗透。在这种发展趋势下,电视网络既能向受众传输节目,又能为其提供电视会议、远程教学、视频点播等形式不同、内容不同的交互服务。随着电视网络化的不断发展,广播电视将会逐渐发展为一种完全交互式的媒体。

随着数字技术、计算机网络技术的不断发展,如今我国已经能够实现电视台范围内的网络化,具体表现为拥有自动播出系统、非线性编辑系统、网络化的新闻中心等。但要建立一个完全网络化、数字化的电视台,还需要从技术层面入手,使现有技术得到进一步完善、发展。除此之外,还应制定一套严格、系统的软硬件标准。虽然从目前的情况来看,电视系统的完全网络化还需要经历一定时间的发展过程,但电视系统的完全网络化将始终是电视未来重要的前进方向。

四、广播电视新技术的发展趋势

如果仔细分析平面媒体与广播电视媒体的发展进程便能发现,两者之间存在着许多相似之处,即它们都呈现螺旋式交替上升发展,并最终在宽带媒体中融合。广播电视新技术的发展趋势主要表现在以下几个方面,如图5-3所示。

- 广播电视媒体的全面数字化
- 数字媒体的网络化
- 网络媒体的交互化
- 交互媒体的智能化
- 智能媒体的多元化

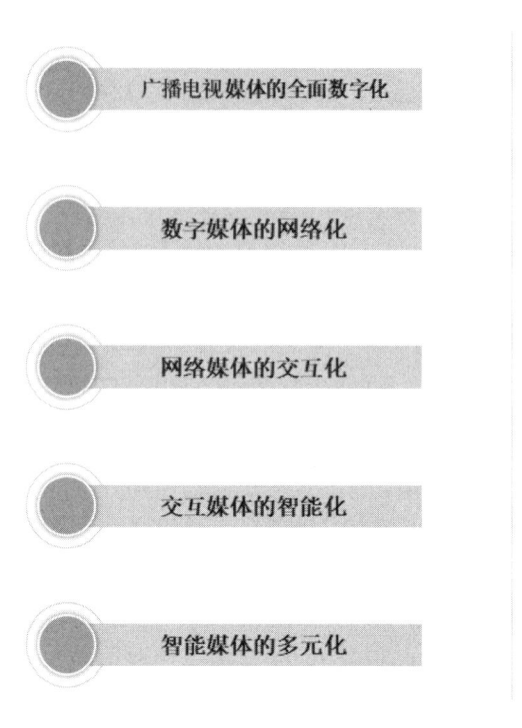

图 5-3　广播电视新技术的发展趋势

（一）广播电视媒体的全面数字化

广播电视媒体的全面数字化涵盖了广播电视节目的拍摄、制作、发射、传输、储存等诸多环节。其采用的数字化技术手段主要有两种，分别是基于硬盘的数字化与基于磁带的数字化。其中，基于硬盘的数字化凭借着其在价格方面的优势成了广播电视媒体的首要选择。

（二）数字媒体的网络化

随着广播电视媒体数字化进程的不断加快，节目制作、播出、储存等方面的数字化也逐渐成为一种必然的发展趋势。广播电视媒体的网络化既有利于实现素材资源共享的目标，又能进一步发挥团队管理与分工协调的能力，不断提升节目的整体水平。

（三）网络媒体的交互化

网络媒体的交互化有着非常好的发展前景。我们所熟知的流媒体广播与交互电视都是比较有代表性的交互媒体。交互媒体也是一种新的节目制作形式。网络媒体的交互化可以在较大程度上推动媒体时代的来临。

（四）交互媒体的智能化

交互媒体的智能化属于智能媒体的范畴。截至2021年底，河南新汉普影视技术有限公司通过对中等职业及大学教育、政府企事业用户进行重新定位，为其提供定制化三维交互数字技术教学服务，目前已形成4个产品/项目模块：全媒体智能三维交互演播室、虚拟仿真教学系统、大数据可视化、数字教育展馆。其中，全媒体智能三维交互演播室通过人机交互、设计、创意为用户带来了全新的体验。

（五）智能媒体的多元化

媒体融合已经成为大势所趋，国外已经涌现出了许多大型媒体集团，国内也先后成立了大量出版集团与报业集团。同时，广播电视媒体与平面媒体的融合也是未来重要的发展趋势。智能媒体的多元化还涉及传播途径与接受途径，如网络传播、卫星传播、有线传播以及地面传播等。

这场由数字化引发的广播电视领域的革命，使广播电视从业者原本的知识结构、工作模式发生了深刻变化。在这种情况下，只有不断学习、掌握新的网络技术、通信技术、计算机技术以及数字技术等方面的知识，才能与时俱进，更好地为广播电视业服务。

第六章　广播电视产业的多元化发展

自党的十六大以来，党中央、国务院高度重视文化产业发展，先后制定了一系列政策措施，以深化文化体制改革，促进文化产业发展。在这种背景下，我国广播电视产业呈现出良好的发展态势，并逐渐朝着多元化的方向发展。

第一节　广播电视产业发展政策的突破

作为我国社会主义文化建设不可或缺的领域，广播电视产业所生产、传播的内容皆为思想文化产品，有着显著的意识形态属性。与经济产业相比，广播电视产业的生产运营要更复杂一些。如今，我国的广播电视产业还处于发展阶段，离不开党和政府在政策方面的扶持、引导以及规范。2002年，党的十六大报告明确提出了发展文化产业的战略构想；2009年，国务院审议通过了《文化产业振兴规划》，对文化产业发展的总目标、重要任务等进行了明确；2014年，国务院发布了《关于推进文化创意和设计服务与相关产业融合发展的若干意见》，加大了对文化产业的扶持力度；2018年，国务院办公厅《关于印发文化体制改革中经营性文化事业单位转制为企业和支持文化企业发展两个规定的通知》，对推动文化体制改革发展的重要经济政策进行了修订与完善；2021年，国家文化和旅游部等多个部门联合发布了《关于推动公共文化服务高质量发展的意见》，兼顾文化产业与社会公共文化服务产业的发展。实践证明，文化产业方面的政策创新与改革能够有力推动我国广播电视产业的发展。

一、提出文化产业概念，制定并实施广播电视产业与事业分类指导政策

2000年，《中共中央关于制定国民经济和社会发展第十个五年计划的建议》首次使用"文化产业"一词；此后，党在充分结合我国国情以及社会发展的总体目标的基础上，明确了文化产业的重要性，提出要解放思想、实事求是，以文化产业、文化事业的特点为依据进行文化体制改革试点，建立新的文化体制，解放、发展生产力，促进我国文化市场的繁荣发展。

根据中央关于文化体制改革方面的总体要求与广播电视事业的实际发展情况，原国家广播电影电视总局发布了《关于促进广播影视产业发展的意见》，要求以广播电视产业的内在规律与自身特性为前提，以依法管理为重要保障，以不断满足人民日益增长的文化需求、发展社会主义先进文化、提升广播电视产业的竞争力为目标，大力推动广播电视产业发展，使其逐渐成为我国精神文化产品的重要生产基地以及国民经济新的增长点。除此之外，还要将广播电视经营性产业与公益性事业区别开来，面向市场，在现代企业制度、产权制度的要求下，使经营性产业体制机制改革得到进一步深化。

二、鼓励广播电视产业集团化运作以及"三跨"形式的资源整合

2001年，原国家广播电影电视总局印发了《关于积极推进广电集团化改革的实施细则（试行）》，要求进一步规范广电集团化改革。2002年，全国广播影视局长座谈会召开，明确提出要推进广电集团化改革。在文化体制改革不断深入的情况下，广播电视集团的发展逐渐步入实质阶段。

在中央精神的指引下，文化领域在文化产业发展、调动社会参与文化建设以及发展民营和混合市场主体等方面取得了较大的进展。自推行文化体制改革试点以来，国家广播电视总局、文化部（现文化和旅游部）、新闻出版总署等部门陆续出台了许多产业政策，向非公有制资本开放了非新闻类广播电视节目制作、影院建设与经营、影视节目制作与发行等投资领域。例如，国务院于2005年4月发布了《关于非公有资本进入文化产业的若干决定》，鼓励非公有制资本进入文化产业，并对其进入文化产业若干领域的界限进行了明确。原国家广播电影电视总局、文化部等五部委也在同年8月发布了《关于文化领域引进外资的若干意见》，进一步规范了外资在我国文化市场的进入范围与持股比例。以上一系列政策不仅在极大程度上调动了社会资本进入广播电视产业的

积极性，而且有力推动了我国广播电视产业的健康、快速发展。

三、设立制播分离改革试点，培育广播电视市场主体

2005年，《中共中央、国务院关于深化文化体制改革的若干意见》指明了文化体制改革的目标和任务，即"以发展为主题，以改革为动力，以体制机制创新为重点，形成科学有效的宏观文化管理体制、富有效率的文化生产和服务的微观运行机制，以公有制为主体、多种所有制共同发展的文化产业格局和统一、开放、竞争、有序的现代文化市场体系"。2009年，原国家广播电影电视总局发布的《关于认真做好广播电视制播分离改革的意见》，对广播电视产业的制播分离改革路径提出了明确要求。随着体制改革的不断深入，国有经营性广播电视事业单位在重塑市场主体、转企改制方面取得了重大进展，不仅成功打造出了一批新型市场主体，而且使广播电视业的生产力得到了进一步发展。

四、制定经济保障政策，促进广播电视产业发展

我国在推动文化体制改革、促进广播电视产业发展方面所出台的经济政策，大体上可分为以下三类，如图6-1所示。

图6-1 与广播电视产业相关的经济政策

（一）财税优惠政策

国家为文化产业出台的财税优惠政策中，比较有代表性的便是《国务院办公厅关于印发文化体制改革试点中支持文化产业发展和经营性文化事业单位转制为企业的两个规定的通知》（国办发〔2003〕105号文件）与《国务院办公厅关于印发文化体制改革中经营性文化事业单位转制为企业和支持文化企业发展两个规定的通知》（国办发〔2008〕114号文件）。

国办发〔2003〕105号文件出台了与文化产业相关的财税优惠政策，有效

促进了经营性文化单位的转制或改制。

国办发〔2008〕114号文件保留并补充了那些效果显著的财税优惠政策，并在此基础上增加了一系列优惠政策，其中包括：第一，广播电视运营服务企业收取的有线数字电视基本收视维护费免征期限不超过3年的营业税；第二，对于那些通过经营性资产剥离的方式组建的文化企业，免征其收入的增值税；第三，对经营性文化单位转制中资产评估增值涉及的企业所得税，以及资产划拨或转让涉及的城建税、营业税、增值税等给予恰当的优惠。

2019年，税务总局、财政部以及中央宣传部联合发布《关于继续实施文化体制改革中经营性文化事业单位转制为企业若干税收政策的通知》，提出经营性文化事业单位转制为企业，自转制注册之日起五年内免征企业所得税。

（二）国有文化资产管理政策

为了促进文化体制改革，进一步规范国有文化资产管理体制，2007年广电总局、文化部、财政部、中宣部、新闻出版总署共同发布了《关于在文化体制改革中加强国有文化资产管理的通知》，明确了党委宣传部门与财政部门对国有文化资产的审查、监管职责。2010年，中央文化体制改革工作领导小组发布了《关于完善中央文化企业国有资产监管工作机制的通知》，明确提出成立中央文化企业国有资产监督管理领导小组，负责监管中央文化企业国有资产管理工作。这一举措也象征着我国国有文化资产管理体制向前迈出了一大步。

（三）金融支持政策

为了进一步巩固文化体制改革的成果，缓解文化产业融资方面的问题，国务院办公厅先后发布了两个重要文件，即国办发〔2003〕105号文件与〔2008〕114号文件，其中的主要措施有：设立国有或国有控股的文化产业投资基金，鼓励文化企业组合式融资；鼓励文化企业进入创业板融资；鼓励已经上市的文化企业利用定向增发、公开增发的方式进行重组、并购。2010年，中国人民银行与广电总局、证监会、财政部、中宣部等九部委联合发布了《关于金融支持文化产业振兴和发展繁荣的指导意见》。作为我国首个金融支持文化产业发展的政策性文件，该文件对金融机构提出了明确要求，即改进、提升金融服务，做好各个发展阶段的融资方式衔接。2014年，国务院印发了《关于推进文化创意和设计服务与相关产业融合发展的若干意见》与《关于加快发展对外文化贸易的意见》。这两个文件都围绕金融服务提出了明确要求、制定了具体措施，对文化产业，特别是广播电视产业的发展起到了积极的促进作用。

第二节 广播电视产业的专业化发展

对我国广播电视产业而言,以数量增长为主要特征的粗放式发展阶段已经成为过去。为了更好地步入新的发展阶段,满足受众的需求,提升自身在世界媒介市场中的竞争力,我国广播电视产业应该积极采取各种先进技术手段,朝着频道专业化、受众市场细分化以及经营地方化的专业化方向发展。

一、广播电视产业专业化发展的内涵

中国广播电视产业想要实现专业化发展,首先就要克服两方面的问题:一方面是对外而言的"小",另一方面是对内而言的"全"。克服"小"的措施包括:通过优化组合、结构调整等手段,实现媒介资源的整合与重新配置,发展广播电视集团,坚持集约化经营。克服"全"的措施包括:树立专业化发展理念,以满足受众与市场需求为主要目标,改变"求全"观念,坚持发展自身特色。

广播电视产业专业化发展的内涵主要有以下三个方面,如图 6-2 所示。

图 6-2 广播电视产业专业化发展的内涵

（一）频率/频道专业化

频率/频道专业化指的是某个频率、频道的电台、电视台针对某一特定区域、类型受众的集中性、固定性的特殊偏好，有针对性地设计、制作节目。频率/频道甚至是频率/频道中的各个栏目都要具有较强的分化性与针对性，其中包括比较常见的财经频率/频道、旅游频率/频道以及音乐频率/频道等。

频率/频道专业化主要具有以下三方面的优势：

其一，节目频率/频道间的良性竞争能够有效推动广播电视内部机制改革。例如，宣传与创收的关系、生产方式的转变等与频率/频道对象化、专业化之间存在着非常密切的关联；传播者不断更新已有知识，使自己更优秀的主要目的也是为了更好地适应专业化发展的要求；正确处理各专业频率/频道与综合频率/频道间的关系，进一步形成广播电视传媒的规模效应与整体效应。

其二，在定位与分工得到明确之后，专业化频率/频道的微观领域得到了扩大，相对应地，其宏观领域范围缩小了一些。具体而言，第一，作为广播电视的传播者，可以不再被"大而全"或"小而全"的要求所束缚，将自身的全部精力投入某个专业领域，不断提升专业标准，打造出更有深度的节目。以新闻频道为例，在这类频率/频道中，新闻节目的容量得到了增加，节目安排的自由度得以提升，以信息量与内容为依据，可分为综合新闻、动态新闻以及简明新闻等；以播出时段来划分，可分为早、中、晚、半点以及整点的各档新闻。第二，资源方面的优势互补与共享，使得节目能够在深度与广度方面有所拓展。例如，同样一个事件，其动态消息等能被多个节目频率/频道共同使用，各个频率/频道可以根据各自的节目制作需求，从不同角度、层面展开报道。

其三，广播电视充分利用频率/频道资源，在节目的选择方面为广大受众提供了更大的主动权。在过去的几十年中，我国广播电台和电视台在业务方面追求"大而全""小而全"，在管理方面坚持"以块为主"，这样的模式不仅效率相对较低，而且会造成资源的浪费。而如今的市场更加注重质量，追求节目的特殊性与创造性。这就要求广播电视行业在制造产品的过程中保持较高的质量水平，且与同类产品区别开来，引导频率/频道通过内容生动、丰富，形式新颖的节目树立良好的品牌形象。

（二）受众市场细分化

受众市场与广告市场是广播电视业需要面对的两大主要市场，能否通过满足受众的需求、吸引广告的投放将在较大程度上决定着广播电视业的生存与发展。随着市场经济的不断发展，受众市场与广告市场逐渐呈现出分化的特点，而这也决定了媒介的分化性。

消费者在性别、年龄、爱好、职业、收入、教育程度、生活方式、社会阶层以及地域等方面存在着先天或后天的差异，这种差异也使其消费需求出现差异性。社会结构的分化产生了各种各样的社会群体，群体的分化会反映在媒介上，最终出现受众分化和受众信息需求分化。

在市场不断发展、消费群体愈发多元化的同时，受众的消费需求差异也会变得越来越大，消费者需要获得更加个性化、更具针对性的产品与服务。在这种情况下，企业间的分工与专业化程度会随之提高，对媒介信息服务与节目的专业化要求也会提高。当媒介发展到成熟阶段时，受众群体分化会使其信息需求随着市场经济的不断发展而表现出更加强烈的群体差异性。对此，那些面向市场的媒介想要保持或提升自身的市场竞争力，就必须主动去适应这种变化，力求通过自身的专业化发展在细分化市场中获得一定的市场占有率。除此之外，更重要的一点在于明确目标受众，并在充分结合目标受众需求的基础上设计、制作节目。因为只有锁定受众之后，才能使受众锁定频率或频道。

从广告商的角度来看，他们的主要目的在于锁定与其目标消费者相契合的节目受众，只有这样他们才能利用一定的投入获得最大限度的回报。所以广告商在投放广告的过程中，不仅看重节目整体受众的占有率，更看重广告对受众群体的针对性。

（三）节目资源特色化

广播电台、电视台应当发现并突显自身特色，打造出独具特色的节目。在社会的未来发展过程中，无论是全球化、地域化趋势，还是分众化趋势，广播电视都需要坚持规范化、风格化以及个性化。因为没有自身风格、不具备个性的广播电台、电视台是无法在行业、时代的发展洪流中立足的。

对广播电视媒体而言，其参加市场竞争的基本元素是节目资源。在节目社会化、市场化不断提高的过程中，社会上会逐渐形成相对独立的节目生产产业。一方面，专业内容的节目会逐渐取代大杂烩似的综合节目，单一的节目形态会朝着多样化的方向发展；另一方面，事实性节目增加，新闻谈话、新闻杂志等类型的节目成为重要的发展趋势。除此之外，生活类、科技类、财经类节目受到广大受众的喜爱。但这类节目往往需要较高的制作水平，要求节目编导及主持人通过长时间的积累，获得一定的认知能力、判断能力与分析能力。那些具有丰富生活经验、知识阅历的主持人往往更容易获得受众的喜爱。

二、广播电视产业专业化发展的途径

在我国，广播电视产业的整体结构优化与专业化几乎是同时进行的，这既是一个蜕变过程也是一个战略转换的过程。在此过程中，不仅指导思想需要革新，经营策略与办台模式也有待变革，而其中最为复杂的便是人事与利益格局方面的调整与变动。

我国广播电视产业专业化发展的途径主要包含以下几方面。

（一）打造精品节目，坚持主持人主导制

在广播电视产业专业化发展的进程中，栏目是主要方面，主持人是重要灵魂。各个专业频道以及专业台自制节目通常会以谈话类、新闻类节目为主，而其他节目主要依靠社会力量提供，再由节目主持人进行二次创作。所以，无论是什么类型的节目，主持人都是其中非常重要的一部分。想要增强节目对广大受众的吸引力就必须将主持人的培养作为重点，由制片人主导制逐渐过渡到主持人主导制。

（二）大力支持经营性中介机构的建立与发展

广播电视产业的专业化发展需要由大量的节目做支撑，而节目需求量与节目供给之间存在着一定的矛盾。为了进一步构建并活跃节目交易市场，对节目交易市场的运作进行规范，就需要建立一批经营性中介机构，使其成为广播电台、电视台与制作商之间的桥梁，增加节目供应量，扩大交易规模，组织各台间的节目交换，建立节目库为各台提供影视资源。

第三节　广播电视产业的集团化发展

自 20 世纪 90 年代起，西方传媒业便开展了联合、收购、重组等一系列活动。时至今日，集团化、全球化、多元化逐渐成为传媒发展的主流特质，对世界传媒业的整体格局与发展走向具有重要影响。

一、广播电视集团的形成与发展

中国广播电视产业集团化发展始于 20 世纪 90 年代末；2003 年，广播电视集团化发展的重要性得到了再次强调，全国各个广播电台、电视台先后开始

了集团化运作，为广播电视的发展开启了新的篇章。

（一）广播电视产业集团化发展的提出

20世纪90年代初，随着广播电视机构的二重属性（意识形态属性与产业属性）得到人们的普遍认可，一时间，广播电视产业集团化发展的呼声也变得越来越强烈。广播电视产业在进行社会生产的过程中需要遵循市场经济的发展规律，而集团化经营具有增强竞争力、扩大生产规模、促进资源整合等诸多优势，所以，它也被人们看作广播电视产业的必然发展趋势。除此之外，中国报业在集团化发展进程中所获得的成功经验，也在一定程度上增强了广播电视产业集团化发展的信心。

在我国改革开放不断深入的同时，国际传媒集团的运作方式也逐渐被人们所了解。那些通过集团化发展而提升自身国际影响力的广播电视机构在给我国广播电视机构带来重要启示的同时，也带来了一些挑战。这种情况使人们意识到，我国广播电视想要在世界舞台上拥有一席之地，就必须将自身产业做大做强。中国加入世界贸易组织后，一大批海外广播电视机构相继进入我国市场，这些竞争者的加入也增强了我国广播电视机构的危机感，从而加快了集团化的发展进程。

（二）中国广播电视产业集团化发展的优势

1. 集约型经营

经济增长的方式主要包含两种类型，分别是粗放型经济增长方式和集约型经济增长方式。

（1）粗放型经济增长方式。这种经济增长方式属于单纯数量扩张型增长方式，它主要是在各生产要素的结构、质量以及使用效率保持不变的基础上，通过生产要素的扩张与大量投入来实现经济增长的目标。

（2）集约型经济增长方式。这种经济增长方式属于质量效益型增长方式，它主要通过优化生产要素、提升生产要素质量与使用效率来实现经济增长的目标。集约型经营是一种以集约式经济增长为目标的经营方式。对广播电视机构而言，在其集团化发展的过程中，大量资源得以集中，为集约型经营奠定了重要基础。例如，广播电视产业的集团化发展为各种细分频率/频道的开办提供了必要条件。各大集团纷纷发挥自身资源优势，对原有的人员、设备进行再次分配，以广大受众的需求为导向，开办各种细分频率/频道。

2. 优化资源配置

中华人民共和国成立后形成了四级办台体制，中央、省、市、县都先后建立了自己的电台、电视台。传媒技术的发展使广播电台、电视台的经营格局产生了巨大的变化。特别是电视领域，随着有线电视技术与卫星电视技术的不断发展，涌现出了一大批有线电视台与卫星电视台，并逐渐形成了彼此竞争的格局。在同一个城市中，如果两家同等级别的广播电视机构争夺相同的资源（如广告资源、人才资源、设备资源、节目资源等），就会造成财力、物力以及人力的浪费。而集约化经营则不同，它可以将同一个级别的电台、电视台整合在一起，再对其进行统一的经营与管理。如此一来，广告资源、人才资源、设备资源、节目资源都被集中到了一起，不仅能有效避免浪费与竞争，而且有利于促进资源的合理分配，将媒介产业发展壮大。

二、广播电视产业集团化发展的必然性

广播电视集团指以广电行业中处于主导地位的广播电台、电视台或制作部门为龙头组建而成的行业性生产经营集团。在我国，广播电视产业集团化发展不仅是广播电视行业自身发展的必然趋势，而且是整个社会经济发展以及经济全球化的必然结果。

（一）广播电视行业自身发展的必然趋势

对广播电视行业而言，组建集团、实现集团化发展是一种必然趋势。作为竞争发展到一定阶段的产物，集团化在资本主义国家已经有一百多年的发展历史。在实现集团化发展后，媒体集团凭借精良、先进的设备，优秀的人才以及雄厚的经济实力，在内部实现了资源的合理配置，进而大大降低了生产成本，获得了更高的利润。除此之外，由于广播电视集团在各个地区经营广播电台、电视台，出版报纸，在采编、发行、广告等方面具有优于独立媒介的条件，所以能更容易地发挥集团整体的优势。

在我国，广播电视媒体具有双重属性，即事业属性与产业属性，这就要求它不仅扮演好党和人民的喉舌的角色，而且积极适应市场经济的规律，不断发展自己。这种双重属性也决定了广播电视业要想得到更好的发展，就必须坚持集团化发展道路，形成自身独特的发展优势。

（二）广播电视产业属性的要求

在广播电视产业不断发展的同时，其产业化属性随之加强，这也代表着

广播电视媒体必须通过自己的力量维持生存与发展。如今，各类媒体间的竞争愈发激烈。报刊媒体在近些年取得了较大的发展，网络媒体高速发展，各个电台之间、电视台之间以及电台与电视台之间的竞争日益激烈，甚至广播电视系统内的各台、各频道、各频率之间也存在着非常激烈的竞争，而这种竞争必然会伴随一些内耗。对此，广播电视产业要想在竞争过程中更好地生存与发展，就需要进行媒体整合，组建广播电视集团。唯有如此，才能在一定程度上降低内耗、开拓市场、扩大受众，进而获得更大的经济效益与社会效益。

（三）广播电视产业提升自身实力与竞争力的重要途径

集团化发展是提升广播电视产业实力与竞争力的重要途径。中国加入世界贸易组织后，各种激烈的竞争与挑战随之而来。社会与媒体之间存在着非常密切的关联，在大部分贸易领域，"看得见的手"与"看不见的手"对媒体的影响力也呈现出此消彼长的态势。这种新的环境对传媒业的思维方式、生存方式产生了非常深刻的影响。事实上，加入世界贸易组织是一种范式的转换，而并非一次性交易，从整体角度而言，它是中国市场与世界市场的一次对接。因此，在中国媒体加入世界贸易组织后，不仅国内媒体间的联系得到了加强，国内媒体与国际媒体之间的联系也变得更加密切。与此同时，WTO公开、透明、公平的原则也被引入我国，而这些蕴含着自由贸易、产权保护精神的原则给我国媒介市场带来了较大的冲击。许多国外媒体对我国传媒市场的这块大蛋糕垂涎三尺，国外媒体的进入使中国传媒面临巨大挑战。为了更好地迎接挑战、提升自身竞争力，中国传媒需要走集团化发展道路，形成强大的中国传媒集团。

（四）各种先进技术的推动

从技术角度来看，广播电视产业的集团化发展离不开通信技术、卫星技术、网络技术以及数字技术的进步与发展，这些技术为广播电视产业集团化发展提供了物质保证与技术支撑。除此之外，双向化、数字化也逐渐成为广播电视传媒集团新的利润增长点。在传统业务不断成熟的基础上，部分传媒集团很快步入宽频互动数字卫星电视新领域。技术的高速发展有效推动了广播电视产业的集团化发展。

总而言之，广播电视由一报一台式经营转化为多产业式经营；由分散式经营转化为联合经营、集团化发展，已经成为大势所趋。

三、广播电视产业集团化发展的策略

近些年,中国传媒以组建报业集团为开端,在集团化改革发展的道路上取得了较大的进步,陆续成立了一批优秀的广电集团,且还有许多媒体在积极进行内部改革、制定方案。这些都对广播电视产业集团化发展的策略研究具有重要意义。

(一)在注重先进技术的同时,注重软件建设

在广播电视产业集团化发展的进程中,除了先进技术手段,软件建设也是其中非常重要的一部分。

首先,要正确认知并使用"分众"概念,从性别、种族、年龄以及内容等方面分众,进而实现对广大听众、受众的有效覆盖。节目的制作经营是实现广播电视产业集团化发展的关键,因为内容决定着节目的收听率、收视率以及广告量。它不仅是广播电视集团创造价值的基础条件,而且是联合、推动其他业务的重要纽带。就产业角度而言,节目的制作经营是广电产业集团的主营业务,影视节目是广播电视产业集团的主营产品,这是广电产业集团综合实力的象征,在广播电视集团产业化发展的进程中发挥着至关重要的作用。所以,广播电视业应该将内容作为发展重点,并根据受众群体的特点确定节目内容。而这也要求广播电视媒体坚持分众化。就某种角度而言,分众越科学越细化,对分众需求的了解越准确,产品越容易取得成功。

其次,随着电台、电视台、频道的不断增加以及频道专业化程度的加深,"制播分离"也得到了更好的推广和应用。纵观美国媒体的发展进程,自电视法案发布以后,美国传媒业便掀起了一阵兼并热潮。在这种热潮下,"制播分离"受到了巨大的冲击。大集团、大公司在收购、兼并广播电视台的基础上,还会将一些内容制作公司收入麾下。这样一来,电台、电视台与节目制作公司之间的关系就逐渐从产销关系变成互相提携的"兄弟"。大媒体集团能够独享广播电视媒体产品生产、流通、消费等各个环节的利润,制播逐渐走向一体化。需要明确的是,这种"制播合一"是针对各大媒体联合企业集团而言的。在各企业集团内部,内容制作与播出平台之间仍然处于"制播分离"的状态。如此既能有效避免各电台、电视台在内容制作方面的投资风险,又能在一定程度上保证媒体产品在生产、流通、消费等环节都能获利。

在我国,"制播分离"的发展时间相对较短,再加上我国的市场化、企业化水平有限,所以集团化后的"制播合一"目标较难实现。对此,我国应该遵

循市场发展规律，早日建立成熟的市场。

（二）提升集团核心竞争力

纵观国内外著名广播电视集团化的过程，不难发现，广播电视集团化的过程实际上就是实现跨区域、跨行业、跨媒体多元化发展的过程。但在此过程中，并非每个因素都是同等重要的，广播电视集团生存、发展的重要前提在于建立并发展集团的核心产品。如果说多元化经营的集团公司如同一棵大树，那么其核心产品便是这棵大树的树枝与树干，最终产品是果实和花朵，业务单位是较小的枝系，核心能力是树的根系。由此我们便能了解到核心能力对广播电视集团多元化发展的重要意义。所以，广播、电视不仅是广播电视集团的主业与开发重点，而且是保证其不断发展的核心竞争力。

我国广播电视的多元化经营，应该以充分发展集团的核心业务为基础，紧紧围绕广播电视内容产业，开发相关产品，实现品牌延伸。这不仅有利于构建结构清晰、连贯的广播电视集团产业链，而且可以帮助集团寻找新的利润增长点。此外，广播电视集团在发展核心业务的同时，还可以发展旅游、大型奖项、节目经营、商品授权以及音像制品等相关产业。以我国的上海文广集团为例，该集团在多元化经营方面取得了良好的成绩，不仅拥有电视、电影等资源，而且涉足了文艺院团、音像出版、演出场所以及报刊等诸多相关产业，对我国广播电视产业集团化发展产生了巨大影响。

（三）加强资源开发

对企业而言，人力资源是维持其生存发展的重要条件，企业核心竞争力的本质也在于"人"。人力资源的配置能够在极大程度上影响广播电视集团的运作与发展。如今，传媒行业的竞争日益激烈，为了在这场竞争中获得更大的竞争优势，各大广播电台、电视台纷纷聘请策划高手、专家教授、社会名流为其出谋划策，这也说明人才在媒体的发展中变得越来越重要。

虽然现在的媒介已经逐渐从事业单位向企业单位过渡，其功能性质与经营范围也随之发生了一定的变化，但广播电视集团对人才的需求却不曾改变。人才仍然是广播电视产业集团化发展的重要内容。广播电视集团想要在国际市场中占有一席之地，不断提升自身的发展水平，就需要建立和完善人力资源开发与管理体系，打造一支具有国际视野与水平的人力资源管理团队。

（四）注重品牌营销

国外著名广播电视媒体为我国广播电视媒体提供的重要经验之一是注重

品牌营销。从某种意义来说，各大媒体集团之间的竞争就等同于品牌之间的竞争。部分传媒公司之所以能够发展为国际知名的传媒集团，其非常重要的原因便是公司的品牌策略。以美国的广播电视集团维亚康姆为例，它通过收购其他公司，树立起了"Viacom"这一全球品牌，又在此基础上建立健全公司品牌与节目品牌的推广体系，充分发挥品牌的辐射效应，促进品牌的扩张与裂变。

维亚康姆集团的发展为我国广播电视产业的集团化发展带来了一定的启示，即我国的广播电视集团成立之后，可以利用优质内容来塑造良好的品牌形象，并促使品牌形象与频道形象逐步扩展到具体的栏目之中，从生活方式、价值、文化等方面入手，构建、经营品牌，再利用多元流通进一步拓展媒介品牌产品的商业意义。电视媒体最大的价值莫过于名牌栏目，好的栏目是几代人苦心经营的成果，所以即便是名牌栏目与电视台的风格并不相符，它也依然能够得以延续。而在成立了广播电视集团之后，那些与原本风格不相融的频道便能转移到其他与之相匹配的频道中。这不仅能帮助著名栏目品牌扩大频道的收视群体，而且能进一步促进品牌的扩张以及整个集团的发展。此外，如果品牌扩张得当，还可以节省宣传、包装、策划等方面的费用，并在短时间内扩大受众面。

四、广播电视集团的设计与运作

（一）遵循市场规律发展广播电视集团

与其他发展时间较长的产业相比，传媒业还是我国市场经济中的朝阳产业，其市场规划、媒体规模、经营机制、产业体制等各个要素都处于探索与实践状态，所以还存在着较大的变数。尽管传媒业凭借着较强的社会性、政策性以及文化性而有别于其他产业，但在市场环境方面，它与其他产业是相通的，其内在的产业规律也是相通的。因此，如何遵循市场的发展规律，经营好传媒产业是一个值得深思的问题。

中国是一个社会主义国家，与资本主义国家之间存在着本质上的区别。所以，我国广播电视的集团化发展，要在积极借鉴发达国家媒体集团化的成功经验的基础上，形成自身的特点。此外，我国广播电视的集团化既追求经济效益又注重社会效益，这一点也决定了我国广播电视产业要走一条与西方媒体不同的集团化发展道路。

如今，我国广播电视产业集团化发展的目的十分明确，即将广播电视产业发展壮大，但在手段上需要采取循序渐进的方式，充分利用经济、法律以及市场手段来推进集团化发展进程。这样才能更好地突显市场主体的竞争意识，营造公平、公正以及公开的媒体环境。以前，我国的广播电视媒体多归地方所有，由地方进行管理。因此，许多广播电视媒体都对地方行政有着较大的依赖性，这也是我国许多广播电视媒体集团都在本区域建立的主要原因。这种初级阶段的广播电视集团，虽然在区域内发展较快，但在与国外媒体竞争方面还存在着很多不足。

随着规模较小的媒体集团可能会由于经济或受众关系变化等方面的原因而解体，那些规模较大的媒体集团将凭借自身雄厚的经济实力与舆论影响力兼并小型媒体，走向联合发展。在成立广播电视集团之后，广播电视的产业功能会得到增强，追求经济效益的内驱力逐渐形成，此时广播电视集团的覆盖范围、创收能力以及宣传质量将会得到大幅度提升。

跨行业集团诞生之后，广播电视集团会按照市场经济的规律运作、发展，提升新闻生产的应变能力，但不会完全照搬西方媒体的发展模式，其舆论的党性以及社会主义的根本属性不会变。

这样的过程不仅有利于实现我国广播电视媒体发展壮大的目标，而且能使我国广播电视媒体在不断积累的过程中，提升自身综合竞争力。但是，广播电视在集团化运作的过程中首先应处理好以下几种关系，如图6-3所示。

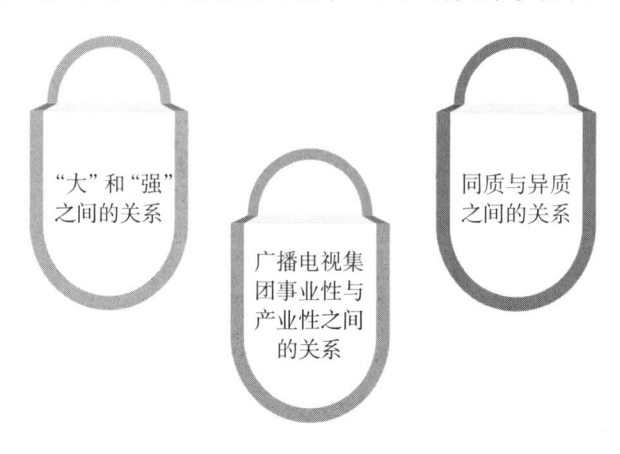

图6-3 广播电视集团化运作应处理好的几种关系

1. "大"和"强"之间的关系

所谓广播电视的集团化，并非将广播与电视、有线与无线等简单地融合在一起，而是以强势媒体为龙头、以母子公司为体制、以业务与产权关系为纽带、以结构调整为主线，通过国有资产授权经营的方式来实行统一目标管理与经营，实现资源的优化配置。这样可以有效扩大集团的规模，提升集团的核心竞争力。

2. 广播电视集团事业性与产业性之间的关系

我国广播电视集团是事业性质、企业管理，其想要更好地生存与发展就必须尊重市场，强化产业功能。需要注意的一点是，即便广播电视集团在未来完全实现了产业化，也需要兼顾社会效益与经济效益。

3. 同质与异质之间的关系

如今，组建集团成了广播电视产业一种重要的发展趋势。在这种背景下，省级范围的竞争逐渐弱化，层次更高、范围更大的竞争变得越来越激烈。

为了营造更好的国际传媒秩序，我们应该坚持竞合策略，即在竞争的同时积极寻求合作，培养国际视野，通过本土化操作的方式实现错位经营，凭借不可替代的产品获得在国际传媒市场的竞争优势；同时改变同质同效的重复性生产模式，对现有市场进行细分或创新，彰显自身独特的核心价值。

（二）中国广播电视集团运作的新思路

虽然广播电视集团化发展取得了一定的成绩，但也存在着一些问题。对此，中国广播电视集团需要树立集团化运作的新思路，努力缩小与西方国家媒体集团的差距，力求获得更大的发展。

1. 增强广播电视集团的产业性质，实现市场化

作为新闻传播事业在市场经济环境下的产物，广播电视集团的建设应该打破计划经济体制。因此，从长远发展的角度来看，如果不让媒体按照市场规律与自身发展需求步入集团化建设的阶段，而是通过计划经济、行政命令等手段对媒体集团进行约束、管理，会对我国媒体在新闻传播市场中的竞争产生不利影响。在广播电视集团发展的过程中，无论是组建还是实际运作等环节，都应该严格遵循市场经济条件下新闻传播活动的基本规律。按照市场经济规律运作的广播电视集团在经营地区与经营项目方面拥有自主权，可以根据社会整体利益与自身发展的需求，确定经营地区、选择经营项目。

我国的国家体制和社会性质与资本主义国家不同，这也使得我国传媒的性质与任务较为独特。在进入国际新闻传播市场后，我国新闻传播媒体就需要对原本的惯例、规则进行调整。通过了解、分析国际新闻传播事业的发展可以发现，建立成功的媒介集团是一种市场行为而非行政行为，那些在国际上具有重要影响力的集团都实现了跨行业、跨国家经营，这也正是其能够自如应对市

场上各种变化与动荡的重要原因。

在我国，有一部分媒体集团是迎合自身发展需求、具备建设集团的条件后水到渠成的产物，还有一部分集团则需要依赖行政干预。对此，我国应该将媒体法人产权与国有资产所有权剥离形成产权结构一元化，构成股份公司制等结构形式的产权多元化，从某种意义上来说，这是体制层面的一次革命与创新。所以，广播电视产业结构的优化应当与政府管理职能的转变和政治体制的改革搭配进行，实现真正意义上的按照市场经济规律办事。

2. 拓展融资渠道，壮大广播电视集团

通过仔细观察国际新闻传播市场便能发现，广播电视集团想要得到更好的发展，就需要充分利用资本市场的资源，不断拓展融资渠道，通过资本运营等手段积累资本，推动广播电视产业的拓展。如今，媒体市场竞争激烈，如果没有足够的财力作为支撑是很难获得与其他媒体同等竞争的资格的。实际上，传媒产业具备吸引资本的潜力。从理论角度来看，传媒产业主要有三条融资渠道：第一条，借助外界的力量，即让媒介行业之外的资本介入新闻传播行业，使传媒集团通过成为大集团的分公司的形式，获得一定的经济基础；第二条，通过行业内部或媒体之间的整合，实现资本的叠加效应；第三条，通过发行股票上市融资来获取所需的流动资金。

世界新闻传播发展过程中的大量经验与成果告诉我们一个道理：媒体集团的建设离不开资金的支持，而媒体集团想要发展壮大也需要大量的资金。资金同样也是我国传媒集团化发展的重要条件。如今，我国大部分媒体都是以广告收入的方式来获取资金，而这种方式不足以满足规模不断扩大的传媒事业的资金需求。所以，我国广播电视集团想要发展壮大就需要进一步拓展融资渠道，以此来获得足够的资金支持，缩小与国际性跨国媒体集团之间的差距。

3. 打破行业、区域间的界限，建立统一的媒介市场

受个别行业与地区的限制，我国广播电视集团在运作方式与经营策略方面较为单一。虽然已经有部分广播电视集团开展了跨地区、跨媒体、跨行业经营，但与那些国际媒体集团之间仍然存在着较大的差距。如今，国际上那些规模较大、发展较好的媒体集团都倾向于淡化地域概念，实施跨地区、跨媒体、跨行业的经营策略。因此，我国广播电视产业想要更好地实现集团化发展，就必须打破行业、区域间的界限，建立统一的媒介市场。

4. 加强资源整合，促进资源的优化配置

虽然我国广播电视产业的集团化发展需要依靠一定的行政手段，但毋庸

置疑的是，除了社会效益之外，我国广播电视集团还要实现利益的最大化。所以，加强广播电视集团内部资源的整合与优化配置、降低内耗、避免浪费也是我国广播电视集团发展的重要目标。为了早日实现这一目标，应该从以下几个方面入手，如6-4所示。

图6-4 加强资源整合与优化配置的几个方面

（1）企业文化方面。由于广播电视机构在企业文化方面出现了各个频道、部门各自为政的情况，进而导致组织内耗、无法形成合力的局面。对此，应该整合企业文化，建立符合规范的集团CIS系统（其中包括VI视觉识别系统、BI行为系统等），统一集团的价值取向、功能使命、发展目标，增强集团成员的凝聚力与向心力。

（2）节目资源方面。应该让节目朝着社会化传播、专业化制作的方向发展。但在此过程中，要注意节目的细分化与重复问题。

（3）资金流方面。需要整合资金流，有效的措施便是试行集团结算中心，对资金进行有效整合。开办专业化频道的初衷在于利用资源整合让市场成为资源配置的重要手段，但在实践过程中却面临着内耗的问题。为了有效解决这一问题，不仅要强化集团内部的宏观调控，而且要在资源配置中引入市场手段，实现资源的合理配置，并通过结算中心向负责节目制作、经营的各个公司委派会计，实行统一的财务管理。

（4）频道资源方面。需要对频道及构成频道的各个要素进行调整、优化、重组，如确定频道的整体形象、包装与定位。不仅要让整个电视台拥有统一的风格、品牌与形象，而且要彰显各个频道的特色与品牌。根据各个频道的观众构成、开机率以及开播时段等交错编排节目，力求获得最大化的受众覆盖率与市场份额。

除此之外，我们也可以借鉴西方新闻界的成功经验。以新加坡媒体的集团化发展为例，其报业集团进军电视领域，并成立了报业传讯公司，经营广播电视业务。公司的业务人员不仅能撰写文章还能制作电视节目，这样不仅能有效利用现有资源，还能获得更高的经济效益。与之相似的例子还有很多，我国广播电视集团应该对其进行积极借鉴。对广播电视集团而言，除了要对硬件设备与信息资源进行优化配置之外，还要对人力资源进行优化配置，充分利用人力资源，获得最大化的集团利益。

总的来说，广播电视集团从简单的物理重组发展为深度的有机整合，是我国广播电视集团传媒史上的一次巨大变革。集团整合的重点在于深度整合资源，形成协同效应。媒体的整合不仅是技术手段方面的整合，还涉及人力资源与企业文化方面的整合。其中，企业文化的整合将会带来观念的更新，而观念的更新又会引发结构的变革，结构的变革会促进传媒体制的创新，传媒体制的创新最终将提升整个传媒业的创造力。

第四节　广播电视产业的全球化与本土化发展

一、广播电视的全球化

（一）全球化的概念

"全球化"这一概念并不是一个新的现象，早在19世纪，马克思与恩格斯就曾指出全球化的一些表现。而到了20世纪末，全球化再一次成为世界范围内的热门话题。在人们对全球化的理解与认知中，除了经济全球化仍然是非常重要的内容之外，政治结构的全球变化、文化的全球流通等趋势也逐渐成为人们关注的热门话题。

20世纪90年代以来，随着世界一体化的深入，人与人之间的距离也变得越来越近。在社会与经济全球化程度不断提高的背景下，广播电视的全球化也成为一种必然趋势。一方面，随着传输技术的发展，更多的节目都可以利用国际卫星进行传播，从技术层面来看，节目覆盖面积不断扩大，人们能够同步了解发生在世界各个角落的事件；另一方面，一个国家想要在广播电视节目制作方面拥有良好的国际竞争力，就需要树立全球化发展观念，正确看待本国广播电视与其他国家的相同和不同之处，力求找到其中的平衡点，进而获得理想的经济效益。媒体全球化在对媒体竞争力提出新的挑战的同时，也使其产生了一系列变革。

（二）广播电视经营的全球化

广播电视的全球化一方面指国际媒体集团所主导的物质资源、人力资源的大规模流动与聚集，另一方面指娱乐、文化、信息、新闻等媒介产品的国际性大规模流动与聚集，以及节目供应链的全球化。一家媒介公司可以为全球的媒介公司提供节目；同样，一家广播电台、电视台也可以通过全球各地的媒介公司来获取节目。

如果说传统广播电视媒体的组织结构呈金字塔状，顶层是公司的总裁，中层是节目主管，底层是众多节目制作人员，那么现在的广播电视媒体组织结构看上去更像一只章鱼，它的无数只触角连接着媒介的各个生产领域和整个世界。从20世纪80年代起，随着广播电视业的迅速发展，本土媒介市场的竞争愈发激烈，更多媒介集团进入国际市场，媒介集团之间的联系日益紧密，信息业、新闻业、娱乐业呈现出高度融合的发展趋势。

（三）广播电视经营地点的跨国化

媒介集团在世界范围内生产、流通产品，进行跨国经营。在充分结合生产需求的基础上，媒介集团可以选择最适宜的地点生产、销售媒介产品，这样不仅能规避部分风险、降低成本，还能更好地迎合本地受众的审美喜好，提升媒介的整体运作水平。

二、广播电视的本土化

在广播电视全球化浪潮给各个民族、文化带来强烈冲击的同时，文化本土化方兴未艾。放眼世界，美国CNN（美国有线电视新闻网）的新闻节目实现了全球落地，韩国的电视剧、日本的动漫也占据了一席之地。在这种情况下，我国的广播电视想要得到当地受众的认可，就必须从形式与内容等方面入手，彰显出中国风格与中国特色。

虽然全球化缩短了空间上的距离感，但它在为媒介资本提供更广阔的流动空间的同时，也需要服从某种特定的语境，而文化便是这种特定语境中的重要成分之一。文化具有较强的固本性，它能够体现国家、民族的价值观与精神，是一个国家、民族得以存在、延续的重要标志，它不会像物质那样被轻易取代，且始终保持着自身的历史延续性。这也是本土化浪潮伴随全球化浪潮出现的重要原因。换句话说，全球文化想获得本土受众的欢迎，就必须与本土文化相结合。

广播电视本土化的实质是在重视本地文化特色与实际情况的基础上，制作出与当地文化相符的节目，做到入乡随俗。

三、我国广播电视产业全球化、本土化发展的对策

在广播电视全球化发展浪潮来临之际，我国广播电视应该主动融入，积极寻找对策，通过自身力量推动广播电视的全球化进程。

整体性是文化的基本特点，而这种特点往往以民族为基本单位，由此产生本民族文化对其他外来文化的"排斥性"。这一点也是我国广播电视媒体与外来媒体竞争的重要内容，我们应将本土化作为自身发展的优势。

在面对制作经验丰富、实力雄厚的境外广播电视集团时，我国广播电视媒体应该正确看待自身在发展过程中的优势与不足，做到扬长避短，坚持本土化发展道路，在市场竞争中获得更大的优势。

第五节　广播电视产业的数字化发展

数字化发展浪潮对广播电视媒介行业产生了巨大影响。在这股浪潮的席卷下，很多国家先后"关闭"模拟电视，"开启"数字电视。

数字化革命在为我国广播电视业带来良好发展机遇的同时，也带来了一些挑战。

一、数字广播电视经营的内涵

新的媒体竞争环境给广播电视经营带来了更大的压力，这种压力主要来自海外媒体对我国媒体的渗透，发展势头强劲的网络媒体，以杂志、报纸为主的传统媒体不断转变经营策略、探索新的经济增长点。面对这些压力，广播电视业需要及时调整自身经营结构，开拓多渠道的赢利模式，探求新的经济增长点。而数字广播电视便成了广播电视应对日益激烈的市场竞争的重要内容。

（一）数字音频广播

作为继调频、调幅广播之后的第三代广播，数字音频广播实现了内容与技术方面的巨大飞跃，它不仅覆盖面积更广、音质更高，拥有一定的抗干扰

能力，还可以实现多媒体接收与高速移动接收。相同的频率，在应用数字音频广播技术后，其使用功能可达到原来的十几倍。例如，原本一个频率只能播放一个节目，但现在一个频率能够播放十几个节目，使得频率资源变得越来越丰富。除此之外，数字音频广播还有效拓展了市场与业务，使得原本只能播放单一声音的广播逐渐转变成包含图像、数据等业务的多媒体广播，从而为广播向信息、电视等领域的渗透提供了重要条件。

（二）数字电视

数字电视是以计算机信息处理技术为基础的一种新的媒体形态。它与传统媒体有以下几个不同之处。

1. 服务范围更广泛

数字电视不仅包含传统的节目内容，还包含许多互动型、信息型节目内容。其中包括交通信息、生活信息、游戏内容、天气预报等，同时内容的技术水平也在不断提升。

2. 服务内容更丰富

数字技术重新盘活有线网络，数字技术中的压缩技术能够使有线网络的频道空间得到有效拓展，频道容量大幅度提升。在数字电视得到应用与普及之后，节目内容也变得更加专业化、个性化以及多样化。

3. 服务质量更高

通过数字电视，用户能够收听到更加逼真的音响，观看到更加清晰的电视画面。

4. 赢利模式不同

在传统广播电视体系中，最主要的收入来源是广告收入，但这种单一的营收方式使得广播电视的发展存在着极大的不稳定性。所以，对于传统广播电视经营而言，数字电视所带来的根本性改变构建了一个全新的经营格局。

数字电视能够凭借丰富的节目类型改变原本单一的赢利模式，将节目类型与赢利方式结合在一起，除了广告收入，用户的收视费等收入将为数字电视带来新的赢利点。比如，在频道设计方面，数字电视会将那些小众化的栏目或经典大片设置为点播内容，并以此获利。

二、数字广播电视的运营模式

数字广播电视的运营无法由网络运营商或电视台单独完成。数字电视运营的根本理念在于引入"平台集成"概念,也就是引入多方面的合作,由数字内容供应商、数字技术服务商、数字平台运营商共同参与,构建一个彼此依存的产业链。在这个产业链中,内容服务平台负责为频道提供节目内容,技术服务商负责提供软件、硬件等技术支持。而传输平台则主要利用光缆干线、卫星来完成节目内容的传输,如有线电视便是通过光纤干线来完成数字电视推广的。除了上述平台外,还有一个专门负责监督各运营商之间交易的监管平台。

在数字电视的产业链中,每个环节都各司其职、彼此依存、相辅相成。由节目供应商与增殖内容供应的产品,需要经历各个环节的传输,最后传达给用户,实现价值。一旦其中的某个环节出现问题,产品便无法被送达给用户,更无法实现自身的价值。

从竞争角度来看,数字电视产业链中的节目内容供应商、软件供应商与传输平台、终端设备供应商之间既存在竞争关系,又存在合作关系,只要双方共同协作、协调发展,便能够使彼此的作用得到最大程度的发挥,实现"共赢"局面。相反,如果其中的任意一个环节出现问题,那么整个产业链的运行都会受到影响。

(一)建立技术平台

由于我国广播电视的技术研发能力有限,且大部分技术部门只负责维护与修理,技术在广播电视产业中的比重相对较小。随着需要较高技术水平的数字电视的出现,我国广播电视业不得不更加重视技术方面的发展。在这种情况下,与专业化的技术服务商合作,依靠其较强的技术研发能力,就成了数字广播电视发展的重要途径。

(二)用户的开发与推广

模拟电视的推广目标是广告商,而并非普通受众,这一点是由其赢利模式决定的。而数字电视所引发的重要变革之一,便是改变了这种单一的赢利模式。在广告收入的基础上,广大用户也成了其重要的赢利基点。一方面,用户可以为广播电视提供大量的收视费。由于我国电视用户群体十分庞大,这方面的收益相当可观,付费电视的市场容量非常大。另一方面,用户也将成为电视银行、电视购物等其他电视服务费用的重要来源。

此外，数字电视还可以引入营销理念。数字电视发展用户的一个重要标志便是机顶盒的推广。通常情况下，机顶盒用户主要包含两类：一类是集团用户，一类是散户。其中，集团用户经济实力相对较强，用户数量较多，还可以与运营商合作，所以更有利于市场的开发；而散户购买是处于成熟阶段的市场的主要销售方式，散户数量的大幅度增加象征着数字电视用户市场的成熟。数字电视在推广过程中应该适当引入营销手段，通过积极发展代销商来实现机顶盒的推广、普及，进一步扩大用户规模；用户数量不断增加后，用户服务工作也会变得越来越重要。

（三）内容层面

与模拟电视不同，数字广播电视有着不同的内容结构。数字技术拓展了频道空间，频道的数量以及受众对节目内容的需求量也随之大幅度增加。对受众而言，所需支付的费用增加了，他们对频道专业化、细分化的要求自然也就提升了，那些与传统模拟电视区别较小的服务与频道是很难满足受众需求的。现在是以受众为主导的时代，受众的需求在很大程度上决定着频道播出的内容。然而，当内容生产要同时满足上百个频道以及付费受众的个性化需求时，只依靠电视台的力量是远远不够的。对此，广播电视应该从原本单一内容制作者的角色逐渐转变为内容集成商的角色，充分发挥自身在满足节目需求、节目供应以及节目生产等方面的重要作用。一方面，广播电视媒体可以和数字内容生产商之间建立合作关系，对数字平台所传输的内容进行集成，再将集成后的内容传递给受众。另一方面，广播电视可以对模拟电视时期的优势进行继承和延续，对模拟内容进行数字化处理，将其包装组合后传输给受众。

参考文献

[1] 王海智. 融合创新——广播电视媒体发展之道[M]. 北京：北京邮电大学出版社，2019.

[2] 宫承波. 广播电视概论[M]. 北京：中国广播影视出版社，2018.

[3] 陈林. 新媒体技术与广播电视发展研究[M]. 天津：天津科学技术出版社，2018.

[4] 张丽. 世界广播电视发展趋势研究[M]. 北京：中国传媒大学出版社，2012.

[5] 张洪冰. 数字媒体时代的广播电视技术发展与应用[M]. 长春：吉林科学技术出版社，2019.

[6] 胡正荣. 中国广播电视发展战略[M]. 北京：北京广播学院出版社，2003.

[7] 赵彦华. 中国广播电视管理实务[M]. 北京：中国国际广播出版社，2018.

[8] 吴信训. 新编广播电视新闻学[M]. 上海：复旦大学出版社，2018.

[9] 吴玉玲. 广播电视概论[M]. 北京：中国传媒大学出版社，2007.

[10] 李昕冉. 中国广播电视媒介产业化进程中的政府规制研究——以2002年后的政府规定政策为例[D]. 呼和浩特：内蒙古大学，2021.

[11] 郭雨洒. 新技术时代广播组织权制度变革与重塑[D]. 武汉：中南财经政法大学，2018.

[12] 杨国瑞. 中国广播电视产业媒体融合研究[D]. 北京：北京交通大学，2018.

[13] 任晴芳. 新时期加强广播电视与新媒体融合发展研究[D]. 南昌：南昌大学，2017.

[14] 李作鹏. 中国广播电视体制的改革及其突破向度研究[D]. 长沙：湖南大学，2016.

[15] 吴锟. 广播电视改革及集团化道路研究——以江西广播电视台为例[D]. 南昌：南昌大学，2013.

[16] 秦珅. 媒介融合背景下传统媒体传播形态创新研究[D]. 开封：河南大学，2013.

[17] 肖叶飞.媒介融合语境下广播电视经济性规制研究[D].武汉:华中科技大学,2012.

[18] 荆一嵘.数字化环境下的广播电视节目制作研究[D].上海:复旦大学,2012.

[19] 张弛.新媒体影响下的广播电视传媒业经营模式研究[D].大连:大连海事大学,2012.

[20] 邹晓东.新媒体环境下电视新闻节目的创新转型探微[J].卫星电视与宽带多媒体,2020(4):125-126.

[21] 夏颖.融媒体时代广播电视专业课程体系设置特色及问题研究[J].视听,2022(11):174-177.

[22] 陈成航,姒晓霞.媒体融合背景下广播电视媒体发展现状及策略[J].西部广播电视,2022,43(21):24-26.

[23] 郭宝剑.信息化视域下广播电视媒体数字化转型发展思考[J].新闻前哨,2022(20):35-36.

[24] 任路奇.网络技术在广播电视工程中的运用[J].数字通信世界,2022(10):100-102.

[25] 宋扬.广播电视媒体新闻传播如何实现"突围"[J].采写编,2022(10):86-88.

[26] 许远军.数字化环境下的广播电视节目制作探究[J].电视技术,2022,46(10):41-43,47.

[27] 姜燕,余俊雯.媒介融合时代广播电视声音制作与传播方式研究[J].当代电视,2022(10):73-77,105.

[28] 陈林.广播电视法治建设历史性成就评述[J].中国广播电视学刊,2022(10):7-9.

[29] 关莉莉.融媒体时代广播电视新闻转型策略初探[J].中国市场,2022(26):194-196.

[30] 丁波涛.新时期传统广播电视与新媒体的融合[J].电视技术,2022,46(9):159-161.

[31] 万佳纯.融媒体时代广播电视工程技术中存在的问题及对策[J].科技风,2022(25):62-64.

[32] 曹毅.IP微波通信在广播电视信号传输中的应用[J].广播电视信息,2022,29(9):75-77.

[33] 王岩.关于"互联网+"下广播电视新闻传播的探讨[J].中国传媒科技,2022(9):53-56.

[34] 张晋晖.网络技术在广播电视工程中的应用[J].电视技术,2022,46(8):162-164.

[35] 徐延超,王静.广播电视技术与互联网技术的融合研究[J].中国传媒科技,2022(8):111-113.

[36] 刘云杰.融媒体时代广播电视传媒的创新发展[J].新闻传播,2022(14):134-136.

[37] 鲍泓霓.新媒体在广播电视新闻传播中的应用研究[J].采写编,2022(7):90-92.

[38] 吴梦婕.广播电视与新媒体的融合发展[J].采写编,2022(7):108-109.

[39] 李江林.广播电视与新媒体融合发展路径阐述与探究[J].中国传媒科技,2022(7):107-110.

[40] 陆绍阳,何雪聪.跨媒体叙事下的文化传播:以近年来中央广播电视总台文化类节目创新为例[J].电视研究,2022(7):10-14.

[41] 冯庆,宁静.基于网络数字化时代背景下广播电视技术的发展探索[J].网络安全技术与应用,2022(6):104-106.

[42] 苏萌.媒介融合背景下广播电视新闻节目的创新途径[J].西部广播电视,2022,43(10):87-90.

[43] 李海群.网络技术在广播电视工程技术中的应用[J].中国传媒科技,2022(5):136-138.

[44] 王丹.传统广播电视媒体与新媒体融合发展的意义与策略[J].西部广播电视,2022,43(8):87-89.

[45] 白金晓.新媒体时代广播电视技术的发展与创新[J].网络安全技术与应用,2022(4):117-118.

[46] 韩冰.新媒体背景下广播电视媒体融合发展的策略[J].记者摇篮,2022(4):92-94.

[47] 鲁静.广播电视栏目编导创新思维对节目质量的影响分析[J].新闻前哨,2022(6):37-38.

[48] 吴佳泽.基于数字化的广播电视节目制作技术[J].西部广播电视,2022,43(6):209-211.

[49] 李继川. 新媒体时代广播电视技术的发展与应用[J]. 采写编, 2022 (3): 60-61.

[50] 吴伟民. 新媒体视域下广播电视新闻采访现状及发展对策[J]. 中国传媒科技, 2022 (3): 95-97.

[51] 张娜, 李璐, 李芳. 广播电视新闻学在新媒体运营方向的发展研究[J]. 采写编, 2022 (2): 189-190.

[52] 刘俞秀. 媒介融合背景下广播电视新闻传播发展探究[J]. 记者摇篮, 2022 (2): 62-64.

[53] 孙小芬. 媒介融合背景下广播电视策划创新方法分析[J]. 中国地市报人, 2022 (2): 101-103.

[54] 林晓宇. 传统广播电视与新媒体融合发展的路径初探[J]. 新闻文化建设, 2021 (21): 140-141.

[55] 肖光娟. 新媒体时代下传统广播电视与新媒体融合发展分析[J]. 新闻传播, 2021 (13): 71-72.

[56] 韩德丽. 浅析多媒体计算机技术在广播电视工程中的应用[J]. 中国传媒科技, 2022 (1): 146-148.

[57] 周文惠. 融媒体时代广播电视新闻编辑工作的创新研究[J]. 今传媒, 2022, 30 (1): 49-52.

[58] 邱伟军. 论新媒体时代广播电视新闻编辑创新[J]. 中国报业, 2021 (24): 98-99.

[59] 朱欣英. 广播电视科普节目的生产传播与策略研究[J]. 新闻爱好者, 2021 (12): 94-95.

[60] 王振中, 琚宏伟. 中央广播电视总台技术与内容融合发展思考[J]. 中国传媒科技, 2021 (12): 19-21.

[61] 张强. 新时代广播电视媒体融合发展的思考和分析[J]. 中国传媒科技, 2021 (12): 77-79.

[62] 包洲浩. 网络数字化广播电视技术的优势及发展[J]. 电视技术, 2021, 45 (12): 52-54.

[63] 朱新梅. 中国广播电视网络视听国际传播转型升级的实践与成效[J]. 传媒, 2021 (22): 19-23.

[64] 杜占飞. 广播电视与新媒体技术的融合与发展研究[J]. 数字通信世界, 2021

（11）：158-160.

[65] 李明.探析新媒体及媒体融合在广播电视产业中的应用[J].传媒论坛，2021，4（21）：35-37.

[66] 欧阳书平，卜宇，任辉，等.广播电视媒体融合发展创新中心，"跑出"加速度[J].广播电视网络，2021，28（10）：22-30.

[67] 艾红红.新中国广播电视业的体制确立与体系革新[J].西南民族大学学报（人文社会科学版），2021，42（10）：171-177.

[68] 李文媛.新媒体环境下地方广播电视的转型发展[J].中国广播电视学刊，2021（9）：133-135.

[69] 李宇.浅析中国广播电视国际传播的本土化探索[J].新闻春秋，2021（2）：75-81.

[70] 耿立新.新媒体影响下广播电视新闻媒体融合发展研究[J].传媒论坛，2021，4（4）：38-39.

[71] 李志伟.从广播电视发展史浅析广播电视迭代发展[J].数字传媒研究，2020，37（11）：11-14.

[72] 林小勇.当前广播电视媒体融合发展现状与趋势[J].中国电视，2020（1）：62-66.

[73] 覃榕，覃信刚.新中国70年广播电视管理体制的演进轨迹[J].现代传播（中国传媒大学学报），2020，42（1）：97-103.

[74] 朱婧雯，欧阳宏生.新中国70年广播电视理论研究的发展[J].中国广播电视学刊，2019（10）：45-52.

[75] 申启武，王灿.新中国成立70年来广播电视新闻节目形态演变与发展的理论思考[J].编辑之友，2019（9）：76-83.